U0928472

读懂财富

茅于轼 著

市场、企业家、穷人与财富之间究竟
存在着怎样的关系？

人民东方出版传媒
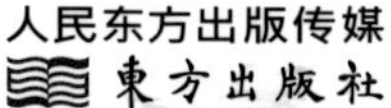
東方出版社

读懂财富

茅于轼 著
赵国君 编

人民东方出版传媒
東方出版社

图书在版编目（CIP）数据

读懂财富 / 茅于轼 著. —北京：东方出版社，2014. 9
ISBN 978 - 7 - 5060 - 7791 - 0

Ⅰ. ①读… Ⅱ. ①茅… Ⅲ. ①市场经济学 Ⅳ. ①F014. 3

中国版本图书馆 CIP 数据核字（2014）第 229727 号

读懂财富
（DUDONG CAIFU）

作　　者：茅于轼
责任编辑：姬　利　李　烨
出　　版：东方出版社
发　　行：人民东方出版传媒有限公司
地　　址：北京市东城区朝阳门内大街 166 号
邮政编码：100706
印　　刷：北京中科印刷有限公司
版　　次：2014 年 12 月第 1 版
印　　次：2014 年 12 月第 1 次印刷
印　　数：1—10000 册
开　　本：710 毫米×1000 毫米　1/16
印　　张：13. 75
字　　数：150 千字
书　　号：ISBN 978 - 7 - 5060 - 7791 - 0
定　　价：39. 00 元
发行电话：（010）64258117　64258115　64258112

目　录

人类财富的增长

（2012年卡托研究所弗里德曼促进自由奖获奖感言）

追求自由，是全体人类几千年来的愿望，可它却是如此之困难。多少人喊出了“不自由毋宁死”，甚至为了自由牺牲了生命。为什么自由如此之重要？为什么得到自由又如此之困难？我们如何能够获得自由？这是摆在全人类面前的重大课题。

人的本性是自由的。谁也不想被关进监狱，这就是人向往自由的证明，而且在一个自然状态下人本来也是自由的。只不过随着社会的发展，人的自由被剥夺了。原因很简单，某些人的自由比别人的自由更重要，一般人的自由要让位于特权者的自由。于是历史上追求自由的运动就开始了。

自由的本义并不是“为所欲为”，而是能够生活在一个没有人干涉你的自由环境中。反过来讲，真正的自由主义是“每个人不干涉别人的自由”。如果每个人都能生活在没有人干涉你的自由的环境之中，那么他就得到了最大的自由。这和孔子所说的“己所不欲，勿施于人”

是差不多的，都是要建立一个没有人妨碍你自由的环境。这成为道德的金律。反对自由的人往往说，人人都有了自由，世界一定要乱，所以自由是不好的。这完全扭曲了真正的自由主义精神。

说到底，自由主义是一种个人修养，是不干涉别人应有自由的自我约束。如果每个人都有这种修养，我们就生活在一个自由的世界里。但是人从小到大都是从以自我为中心开始的，慢慢地懂得要尊重别人，约束自己。为此我写过一本书，题目是《给你所爱的人以自由》，而且我还要说，也要给你不爱的人以自由。因为别人的自由是他的权利，谁也无权剥夺它。有时候也要给敌人以自由，也许是因为你干涉了他的自由才变成了敌人。如果给他自由，你们也许会成为朋友。问题是现有的制度安排使一部分人有权干涉别人的自由而不受制裁。这正是问题的所在。

如果一个人真正懂得了自由的真义，并以此行事，他一定是一个受大家欢迎的人，和他有接触的人都会喜欢他。他的一生也会更顺当，不会磕磕碰碰。如果他是当官的，用这样的处世哲学办理公务，百姓会受益很多；如果他是一位外交官，世界会变得更和平，更和谐，会少掉许多不必要的纠纷，甚至连战争都不会发生了。

可是谁最可能干涉别人的自由？恰好就是当官的，具有特权的管理者。一个社会需要有效的管理，必定赋予管理者一些特权。可是管理者利用被赋予的，或者凭武力抢得来的特权为己谋私，侵犯别人的自由以扩大自己的自由，他们甚至侵犯别人的生命和财产。于是历史上自由与特权的冲突开始了。这种冲突已经有几千年了。至今形势有了特别快的进展，自由的浪潮席卷全球，成为不可抵抗的力量。人类绝不会再花几百年来完成这个过程。再有两三代人，这几千年的斗争就会结束了。它一定是普遍的，人人平等的享受自由的状态。如今还负隅顽抗的特权者应该认清形势，及早适应世界大潮。

在中国，由于过去30多年来的改革开放，平等自由有了惊人的进步。在经济方面人均收入增加了12倍，尽管贫富差距扩大得很厉害，但最穷的人收入也有很大的提高。中国已有3亿多人脱离了极端贫困。中国的减贫为联合国全球减贫计划做出了巨大贡献。提高收入是一个人在市场上有自由的必要条件，穷人在市场上是没有自由的，提高收入是获取自由的最重要的方面。中国在这方面有了特别重大的进步。如果我们的贫富差距能够缩小，这个进步会更显著。放眼全球也一样，要让更多的人获得自由，必须提高他们的收入。

中国在过去30年中如何做到大幅度提高收入的？简单说就是开放了市场，赋予每个人参与市场活动的自由，让每一个愿意参与市场交换的人都有机会参与其中。在市场上每个人都有机会发挥自己的长处，和别人交换。这时候财富就创造出来了。过去中国的农民不能进城打工，更不能选择职业，唯一的工作就是种地。现在他们能自由进城打工，能自己创业做小老板，能开公司赚钱，甚至也能出国去谋生。以我自己为例，过去被国家雇佣，变成革命机器上的螺丝钉，没有挑选工作的机会。改革开放以后我才有可能从一个工程师变成了经济学家，发挥了我的所长。

自由的扩大导致财富的迅速增加。200 年来，全世界进入了自由交换的市场经济时代，人口从 10 亿增加到 70 亿，平均年龄从 26 岁增加到 68 岁，这 200 多年的进步超过了人类有文字记载的几千年进步的近十倍。这样空前伟大的进步主要是平等自由带来的。科学技术在提高人们的生活质量方面起到了重要作用，但科学技术也只有在市场环境下，通过商业化才能为人类造福，所以关键还是要有市场。

在中国，不但经济上取得空前伟大的成就，政治上也有突出的进步。最重要的是百姓的生命有了较好的保障。改革开放前 30 年人口的平均死亡率是 11‰，改革开放后 30 年平均死亡率几乎降低了一半，为 6.6‰。改革开放后因政治原因非正常死亡降低到过去的 1%以下，中国的死刑人数近几年大约降低了一半，而且还在快速降低。

不可否认，中国在追求自由方面还有很长的路要走。例如，由于国有企业大多占有垄断地位，民营企业没有平等待遇，也就缺少参与竞争的自由。有许多行业禁止民营企业进入，如金融业，石油业，电力业，通讯业……这些行业利润非常高。

在中国，追求自由的力量越来越强大。我在过去 30 年内做的只是极其微小的一部分，但是世界自由平等的大潮就是由涓涓细流形成的，全世界所有的大江大河无一不是由许许多多细流汇合而成，全世界追求自由的大潮也一样。在卡托研究所（Cato Institute）促进自由奖的鼓励之下，在中国乃至全世界会有更多的人参与进来。人类世界追求自由平等，和平繁荣的理想会更早地来到。

改变人类文明进程的观念

我最近最想做的一件事是想从社会科学中找出一些最基本的东西来。大家知道，再复杂的道理也是建立在最简单的道理之上。

我们说爱因斯坦的相对论很复杂，全世界统一于粒子论，但是他的道理是非常简单的。他的道理是什么呢？叫作惯性参考系。比如说你在一个封闭的盒子里，看不到外面，如果这个盒子不是外力的作用，那么这个盒子本来是怎么运转的？再比如说我们坐在火车里，假如这个火车运转得很平稳，没有震动，没有加速，也没有刹车，平稳地向前走，你会感觉跟你在地上是一样的。你向上扔一个东西，它掉下来还掉在原来的位置，不会因为车走了就掉到后面去了。这个道理在牛顿力学中叫作惯性定理，这就是说如果一个物体没有外力的作用，那么它会沿着直线，以不变的速度往前走。他这个观察跟我们日常看到的有什么区别呢？我们日常看到的东西是趋向于静止的，水流到低的地方就不流了；树叶因风而动，风不吹了树叶就不动了……但是这个惯性定理和日常的不一样，它是动者恒动，只要没有外力，他就一直运动下去。水为什么不流了，因为它到了最低的地方，驱动它的力量消失掉了。一个球滚了之后要停下来，因为它受到了阻力所以停下来了。这个道理我们都能接受，但发现它却是最复杂的物理学进程，通过这个道理发现了地心引力、万有引力。后来爱因斯坦又提出了广义相对论，我也不是完全懂，但是它的最基本的原理我还是懂的。

我们的自然科学是这个样子，那么我们的社会科学有没有最基本的东西？你拿这些东西来观察社会现象，你能够识破很多假的、错误的东西，我觉得我们值得在这方面想一想。

通过对人类历史的回顾，我认为我们可以去探索发现一些我们社会科学里面的“牛顿定理”。我们知道人类的进步，8000 年以前出现了农业，在农业以前，人类是靠打猎、采摘生活的。那个时候，哪里有野兽就跑哪去，哪里有果子就跑哪去。农业出现以后，人类就定居下来了。定居以后，人类社会的关系就建立起来了。农业提高了劳动生产率，使得人类的生活得以安定。有了农业以后，我相信就出现了语言，开始的语言就是用一些很粗糙的声音表示感情，跟野兽差不多。后来进化了更加丰富的声音，有了更加精确的表达。然后有了文字，有文字大概是在 4600 年前到 5000 年前。有了文字以后，情况又有了非常大的变化，即人可以进行长距离的信息交换，而且可以一代一代地传下来。由于有了文字，知识就能够建立起来了，于是就出现了文明。当然也可能，文明是先于文字出现的。再往后，就是出现了有组织的人类社会，其特点就是有一些权威的人，底下有普通老百姓。不管中国外国，都是这么一种结构。这样的一种状态，维持了几千年。到 18 世纪末才发生了变化，社会的治理结构发生了本质的改变，这个变化不是一下子完成的，而是在一二百年里面完成的。社会治理转变成由老百姓来治理，而不是由固定的权威者来治理。我们看两个重要的指标，一个是人口，一个是寿命。如果你画一条曲线，横轴表示时间，纵轴表示人口，你可以发现从有记录以来，比如从公元 1 年开始到公元 1800 年，这 1800 年里，公元 1 年的时候估计有 2 亿人口，到 1800 年增长为 10 亿，是 1800 年前的 5 倍。从 1800 年到现在有 200 年，现在全球约有 70 亿人口，是 200 年前的 7 倍。这条曲线在 1800 年前是缓慢上升的，到了 18 世纪末却忽然上升，非常明显。另一个指标是寿命，在公元元年的时候人的平均寿命是 24 岁，这是通过考古得来的数据，是比较可靠的。公元 1800 年是 26 岁，提高了 2 岁。现在全世界人口平均寿命是 67 岁，如果也画一条曲线的话，这条曲线上升的程度更厉害了。为什么会发生这么大的转变呢？我问了很多人，问他们怎么看这个问题，很多人都讲这是由于科学技术的进步。但是大家仔细想想看，光有科学技术它能不能变成生产力呢？假定说你发明了一个专利，非常好，你能不能实现。现在的专利成千上万地搁在那儿，90%都实现不了，为什么那么难呢？当然，专利本身有好有坏，有的本身就没有什么价值。但是即使是好的专利，咱们就说瓦特发明蒸汽机，这个东西要变成现实怎么变啊？首先得有个锅炉，得烧东西，烧木头，锅炉的管子通到一个机器里头，机器里头有一个活塞来回运动，然后推动一个轮子转动，这就完成了从热能变成机械能的过程。大家想想，这个过程容不容易？很不容易啊。在今天来看也不是件容易的事，在当时就更不容易了。因为首先你得有钱，那个时候，瓦特没有钱就办不成这个事情。现在来讲，这就叫融资嘛！不融资你哪来的本钱做一个发明啊？第二个问题，你要有工匠，要有一定的技术人员。技术人员要怎么来呢？得请他们来，请技术人员也得给他们报酬，这就是招聘人才的一个交换。然后就是做实验，比如说把它变成抽水、通风等各式各样的用途。每一步都不是简单的事，都不仅仅是一个科学技术的问题，实际上是一个市场的问题。只要有了市场，这些事才能做成功。

大家知道，古埃及的技术非常发达，他们能造金字塔，很重的石块能从好远的地方运过来，然后准确地放到位置上，这个包含着相当多的科学技术。这个科学技术没有靠市场，靠的是皇权。靠皇权能够做到一定的科学技术，但是这种科学技术不是为老百姓服务的，而是为皇帝服务的，为法老服务的。人类历史上有过不少的科学发明，但是这些科学发明很少能够转化成生产力，能够造福于人民，只有市场能够做到这一点。我觉得我们对于市场的理解非常不够，对市场的伟大作用，我们远远没有完全懂得。我研究经济学，越想越觉得这个事情了不起。所以我认为人类发展的历史变化，是市场在起作用。交换与市场有所不同，当然市场也是交换，但是市场制度是一种制度安排，交换几千年以前就有，而市场只有200年。交换要变成市场，需要有很多的条件，比如说所有权得到保障，交换规则被破坏时的仲裁。这些条件，从古以来是不具备的，中国外国都不具备这两个重要条件。一个是财产所有权，一个是仲裁的有效性。只有这两个条件出现以后，市场才慢慢地发育起来了。今天的市场非常复杂，特别是金融方面。这么复杂的东西，它的基础是建立在所有权的保障和司法公正仲裁制度方面的。为什么在以前没有所有权的保障，司法也不能公正？原因是这个社会里面有些人有特权，中国社会就是皇帝，所有权和司法公正都是皇帝一个人说了算。虽然几千年，中国外国的皇权不断地侵犯所有权，侵犯司法的公正，但是交换在不断地自发地进行，其原因就是交换能使人得到好处。为什么交换能创造财富呢？这个是经济学最奥妙的地方，是马克思也没看出来的地方。马克思的经济学认为交换不创造财富，因此他认为交换是多余的。而现在经济学最根本的道理就是交换能够创造财富，它有一个逻辑在里面，这个逻辑就是，两个人都感觉交换对自己有好处他才愿意交换，如果没有财富创造怎么能两个人都得到好处呢？这个逻辑是非常简单的。为什么我愿意跟你交换？因为我能得到好处。为什么你愿意跟我交换呢？因为你也能得到好处。我们这个社会能创造这么多的财富，都是交换创造出来的。

我们说科学技术变成生产力，为什么科学技术会发展呢？因为搞科学技术的人得到了好处，发明者得到了好处，买他的东西的人，参与实现他的理想的人，所有这个链条上的人都得到了好处。我们知道现在的计算机两年更新一代，这么快的更新靠的是什么？靠赚钱嘛。我把它改进了我就赚钱了，那么消费者呢，我买这个计算机价钱又便宜，性能又比过去好，我也得到了好处。中间的每一个环节，从发明的人，到融资，到技术人员，到市场一步一步，里面有许许多多的人参与，这些人没有例外地都在里面赚到了钱。这样财富不就创造出来了，社会就越来越富了。但是这有一个前提，就是交换的两个人必须是平等、自愿的，我不能强迫你，你也不能强迫我，平等自由的交换能够创造财富。如果我能够强迫你，你不得不就范，那样我可以占你的便宜，我得到好处的同时让你受损失。

道理其实很简单，你们一听也会同意，但是真正要懂得其中的道理，那是要想好几天，甚至几个月的，我的这些想法是搞了好多年才领悟到的。刚才讲到的古埃及有分工、有科学，但没有交换。计划经济一样有分工、有科学，而没有交换。但是计划经济的科学，法老的科学，不能够造福于人类，因为没有人赚到钱。我们现在的交换，每一次交换都会给你带来好处。计划经济的分工和科学不能发挥比较的优势。交换社会不同，为什么我吃面包你卖面包，而不是我卖面包你吃面包呢？为什么我们出口旅游鞋，进口核电站，原因何在？有个价格在里面。我出口我擅长的商品，进口我比较稀缺的商品。你那边正好相反，你出口你擅长的东西，进口你稀缺的东西。因此交换自然地形成了分工。计划经济的分工不能够发挥比较优势，所以在计划经济的时代，我们出口了很多该进口的东西，最明显的是我们那三年灾荒的时候还出口粮食呢。为什么呢？大家搞不清楚谁该生产什么，不能够自发地把每个人分配到他最适合的岗位上去。而市场经济通过交换，能够把人的优势给发挥出来，通过市场的比较，我知道我该干什么。这些道理其实是再简单不过了，我觉得这就是社会科学里面的“牛顿定理”。非常简单，但是我们现在很多事都违背了这个道理，很多政策是错误的。我最近在做农村新能源的研究，大家知道沼气是一种再生能源。生产沼气这个事很简单，但是要把它做好就很不容易了。因为只靠政府，没有靠市场，所以中国的沼气就没有很好地发展起来。中国有几千万个沼气池，应该由市场建立起专门的沼气公司，改进技术，降低成本，提供服务。沼气市场很大，可以赚很多钱。

在农村很普遍的就是互相之间帮忙而没有报酬，这种做法其实妨碍了农村的经济发展，你必须要有货币交换。这里头包含了好多的道理，就是说为什么互相服务不行，而必须是交换赚钱？互相服务，计划经济就是如此。我们经常在媒体上看到宣传叫“义务帮人服务”。例如有人在路边摆摊帮人免费理发，人们知道后都来排队理发。从道德上讲，一个好心人培养了一大批捡便宜的人，这个没啥好处；从经济上讲，因为你是免费服务，我上个礼拜刚理完发，今天碰到个免费理发的，我再理一次，这就造成了资源的浪费。我们就看到了，没有交换不行，因为它没有一个价格度量，没有做到优化资源配置。说得简单一点就是，我四个礼拜才理一次发，当然有的人两个礼拜理一次，也有的人一个礼拜一次，电影明星每天都得化妆，那是他的需要嘛，他赚的钱比这个多啊，不化妆的话赚的钱就少了。所以每件事都有它的效益，效益就是用钱来衡量的。我们说从19世纪开始出现了市场经济，它的原因就是人的财产权得到保障，有一个安全的交换环境，也就是说司法是公正的。在此以前，人怎么得到享受呢？是靠获取权力得到享受的，想要享受，必须得到权力。创造能不能得到享受呢？很靠不住，你创造的东西很容易就被有权的人拿去了，但得到权力是可以得到享受的。因此，每个人想要的是权力，而不是创造。发明没有太大用处，得到权力才有用。而权力是排他性的，彼此是排斥的，因此争权的斗争是不可避免的。

中国的历史上，皇帝总是会想尽一切办法保住他的位置，而对他的继承人也好，对他最亲近的大臣也好，对在外驻守的将军也好，他想的就是谁要威胁我的皇位就先把他干掉。而那些人想的就是看看有没有机会把皇帝干掉。这个时候已经不仅仅是追求享受，而是涉及安全问题了，把对方压制住对他们来讲才是安全的。但是市场经济出现以后，尤其是人权出现以后，情况就变了。人追求享受，不是通过对权力的追求，而是通过创造发明。你能赚钱，我也能赚钱。这不像当皇帝是互相排斥的，你当了我就不能当了。这个局面彻底改变了人类历史，在此以前，人们想的就是怎么当皇帝，从那以后，人们想的是怎么赚钱。到了今天，生产力得到了非常大的发展。

人类历史进入了一个非常大不同的时代，这个不同就是我们享受的财富非常多。这些财富都是怎么出来的呢？是交换、市场经济带来的。过去为什么没有这些？过去没有最基本的人权保障，现在我们有了很大的进步，当然还不够。中国的人权有了很大的改善，中国的交换有了很大的发展，这么多的财富就是交换创造出来的。

从经济学上来讲，赚钱就是财富。但是赚钱不能损害别人，比如假冒伪劣商品，那是损害别人赚的钱，这个不行。你按照商业规则赚钱，不但你赚，跟你打交道的人也赚钱。一个企业家如果赚了一百万，不是这个社会少了一百万而是多了一百万。这跟社会上讲的企业家的原罪正好是相反的，企业家没有罪，而是有功，他们为社会创造了财富。现在的仇富心理其实是一种非常错误的心理，实际上仇富心理并不是说自己不想富，他也想富，他认为富人都是剥削者，都是像黄世仁那样的人，他觉得有一个富人比我富我就心里不舒服，全中国有一个最富的人，就成了全中国的老百姓心里头不舒服的一个根源，把他挖出来，老百姓的心里头非常解气，但是问题还没解决，第二富的变成了最富的，这个人也成了大家不痛快的原因，把他也拉出来，然后第三富的人也被拉出来，最后全国就没有富人了，全都变穷人了。所以我说要保护富人，穷人才能变富，这是逻辑上推导出来的。不但逻辑上推得出来，我们自己也干过这个事，我们打倒富人，把富人都变成穷人。过去我们是想要解放穷人，但解放穷人的办法是打倒富人，打倒富人的结果是穷人也完了，永远是穷人，富不起来，变不成富人。但我认为解放穷人的办法是保护富人，听起来保护富人好像不合逻辑，但是不保护富人你怎么能解放穷人呢。那我们讲有没有剥削这一说呢？我的看法就是这样，如果是平等自由的就没有剥削，咱们大家讲交换，你赚我也赚，只有在法律上不平等不自由，这个时候才发生了剥削。

到今天，全世界所有的发达国家都有着比较好的人权，但所有的国家在人权上都存在问题，问题大小不一样。我们的问题小一点，有的国家问题非常大。越是人权问题大的地方越穷，我们国家这么富，表示我们国家的人权有很大进步，而且现在还在进步。但是我们如果从全世界的角度看，人权问题还是没有完全解决。人权就是以人为本，我们共产党也提出以人为本。什么是不以人为本？那就是以官为本，或者说以国为本。以国为本跟以人为本或者说以民为本应该不矛盾，但也有矛盾的时候。

利人利己的帕累托改进

（2012年3月，东北林业大学演讲）

同学们、老师们，我非常受感动，谢谢大家这么热烈地欢迎我。黑龙江可以说是我的第三故乡，我过去的80年，住的时间最长的是北京，第二长的是杭州，我在那儿住了6年，再下来就是黑龙江，我在黑龙江工作了5年，从1950年到1955年。黑龙江的很多地方我都去过，从满洲里到牡丹江，还有齐齐哈尔、北安、绥化、佳木斯，当然还有哈尔滨。所以我这次来到哈尔滨，让我想起过去的许多的事情。

首先我要介绍一下帕累托这个人。他是意大利人，是个数学家、工程师和经济学家。帕累托是一位知识面很广的学者，他生活的年代大概是我们的100年以前，1923年去世。他的很多贡献被后来的人超过了，但是有一条至今也无人能及，就是“帕累托最优”。其实这个想法是很简单的东西，但是我们要把它用好却并不太容易。

首先我要从数学规划开始讲，因为帕累托的理论就是数学规划引出来的。什么是数学规划呢？就是有些活动，我们可以用数学把它描述出来。每件事我们都想把它做得最好，那么我们就可以用数学的方法找出规律把它做到最好。有些很简单的事我们可以用数学方程式把它写出来；也有非常复杂的事：比如国民经济问题是非常复杂的，但它也可以用数学描述。从这个角度看，经济学也可以看作是一个数学规划问题，就是我们怎么样才能把一件事做到最好。

我举一个特别简单的例子，现在有一张纸，我把它叠成一个没有盖的方盒。现在问，你去掉多大的一个角，这个方盒的体积是最大的？那么这个问题我想在座的每个人都会解决。你只要列个方程式，这是个最简单的例子，一般我们就是求极大值和极小值就解决了。

再复杂一点的问题，比如说这里有一个牧民，牧民就是养牛的人，他买了1000米长的篱笆，把这个篱笆围成一个面积，现在问你，它怎么围可以使得这个围成的面积最大？这是个比较复杂的问题。我们知道它的解是围成一个圆圈，它的周长是1000米，那么这里的面积呢？是极大。这个问题是可以用数学求解的，但可能大多数在座的同学没有学过，怎么解这个问题，这个解比较难，如果我们把这个问题简单一点，不一定围成一个什么形状，如果围成了一个矩形，问你这个1000米的篱笆所围成的矩形的两边应该是多长？这个比较好解决，我想在座的恐怕已经想到了，用它围成一个正方形，这个正方形每边250米，总的长度是4乘250米，就是1000米，它的面积是250米的平方。我们用它求解的方法，叫作拉式乘数法（Lagrangian multiplier），拉格朗日（Lagrange）是一位法国的数学家，他提出来的一个方法，专门解决有条件前提下求极大极小的问题。

这个问题还可以越来越复杂化，现在复杂到一个经济问题。就是一个国家，有这么多人口，有这么多土地，有这么多资源，有煤有铁，有生灵……你怎么运作，使这个产出的财富是极大？这是一个非常复杂的问题。怎么解决呢？先从一个简单的问题着手，有一袋50公斤的化肥，把这些化肥分到两块地上去，生产粮食，这两块地的大小也不一样，土质也不一样，现在问你，你怎么分配，使得生产的粮食是最多？你先拿1公斤化肥，你想一想这两块地，甲地和乙地，我这1公斤化肥放在甲地上能生产的效果好还是乙地上生产的效果好，应该有一个结果，假设说甲地生产效果超过乙地生产的效果，我就把它放在甲地上，不是还有49公斤吗？我拿第2公斤化肥再来看，放在甲地好还是放在乙地好，如果还是甲地好，那我再把它放在甲地。我不断地试，这个甲地施的化肥施得越来越多，这个化肥的能力就降低了，这就叫作收益递减（law of diminishing return），不管你是什么样的一个投入，你得到的产出，一定是越来越低的。我们说你肚子饿的时候吃馒头，头一个馒头吃得特别香，第二个还可以，吃到第三个就不想吃了，这也是收益递减。在一块地上施化肥，它也有收益递减的问题，你施肥施多了以后，这个化肥的生产能力就降低了，你把粮食种在化肥上它是不会长的，不但不长，还有可能把粮食给烧坏了。所以，你施到一定程度的时候，比如说我施了15公斤了，你发现这个化肥的效果已经不行了，第16公斤你不能再放到甲土地了，要放到乙土地了。现在第16公斤，施到乙土地上，15公斤都在甲地。继续拿 1 公斤化肥来看，是甲土地好，还是乙土地好？你不断地来比较这两块土地上哪一块施肥的效果更好，当然这个是一个很理论的一种分析，因为实际上，你没办法知道哪一块土地接受化肥的效果更好。但是呢，有经验的农民他是知道的，他知道你施多少肥能生产多少粮食。最后他要达到最优分配的情况，就是你这公斤化肥不管是在哪一块地上，他的生产效果是一样的，你判断不出来哪块地上用化肥更好。换句话讲，没有一公斤化肥是浪费的，这个时候达到了最优分配。所以他的答案就是两块土地上分配化肥的结果，使得化肥在两块地上的生产能力是相同的时候，它的总生产能力最高、产量最多。现在讲的两块土地，三块土地也是一样，也是这个道理。全国有几亿块土地，有几亿吨化肥，那么这几亿吨化肥怎么分配到几亿块土地上，才能使得生产的粮食是最多呢？这就是要每公斤化肥不管在哪块土地上都能有同样的产出，达到最优配置。有什么办法解决吗？那就是通过化肥和粮食的交换，如果最后达到的关系是一公斤化肥能生产两公斤粮食，你就用两公斤粮食来换一公斤化肥，这就使化肥的分配达到了最优。这就是我在 1997 年提出的择优分配原理里面论证的一个道理，择优分配原理说明资源配置的时候，怎么能够实现最佳的配置，使得在不同的地方使用同样的资源，有同样的产出效果。你不管是化肥，还是水，还是电力，还是资金，还是劳动等，不管你怎么分配，它要在不同的地方得到的产出是相等的，这就达到了最优分配。

我跟大家再举一个例子，大家都知道“木桶原理”。在一个木桶里面装水，这个木桶装水的量取决于最短的那块板，这木桶是一块板一块板做出来的，最短的那块板就限制了木桶装的水。我把择优分配这个理论运用到木桶理论当中来，得到一个什么结果呢？板的长度，最好的长度，是每一块板的长度对于盛水的贡献是相等的。如果有一块板太短，它对于盛水的贡献是最大，而那些很长的板，它的长度对于盛水的贡献等于零，没有必要那么长。只有所有板对于盛水的贡献是相同的时候，木板是最节省的。换句话讲就是木板要一样长。我们绕了半天弯儿，好像是有点多余，这个谁不知道呀，木桶当然应该所有的板一样长嘛！但是它后头有重要的一个结论，那就是择优分配，择优分配把它进一步推广到所有的资源如何配置，这就解决了我们经济学里头最根本的问题。

我讲这些只是作为一个开头，就是讲什么是数学规划，以及各式各样的数学规划的问题。我们研究经济学，我的经验就是如果你能够把一个问题，转化成一道数学题、数学方程，然后把它解出来，你就知道该怎么去做事。有很多的诺贝尔经济学奖的获得者，他们就是用这个方法，解决了某一个问题。

那么现在我接着讲帕累托的问题。帕累托他提出的数学规划问题跟我前面讲的问题都不一样，他提出的问题叫多目标。我前面讲的都是一个目标，单一的一个目标，帕累托提出的是多目标规划问题。我们头一个问题说的是面积要最大，后来说的是生产的粮食要最多，一个目标。那如果你有两个目标怎么办？你到底照顾哪一个目标呢？比如说我们要发展经济，要增加财富的创造，但是我们还要保护环境，财富创造是一个目标，保护环境是另外一个目标，这两个目标互相有矛盾，你想要财富创造最大化，那我就牺牲环境，我不管你别的怎么样，财富是唯一的要求，或者是我就只顾环境保护，财富创造多少我根本不管，显然这两种方法都不好。那我们就要想一个办法，使两个目标都能照顾到，帕累托就提出了这个多目标问题。环境和经济的财富生产，是一个多目标问题。

再比如说：财富生产和财富分配，财富越多越好，而财富的分配呢？要比较平均。如果你不考虑财富分配，只考虑财富生产，那问题也是好解决的，但你还要考虑这个财富的分配。比方说这个社会很富有，但是贫富差距很大，这就不是我们所希望的，因此你哪怕牺牲一点财富的生产，也要照顾一下财富的分配，这也是两个目标，多目标问题就出现了。我们日常生活中有很多的多目标问题。帕累托就告诉我们，碰到这样问题你该怎么想。他的答案非常简单，他说，你不要搞的两个目标都达不到，就这么一句话。就是说你不要搞的环境没保护好，经济也上不去，这可不可能呢？很可能的！干傻事嘛。干了很多傻事，两个目标都达不到。财富的生产和财富的分配这是两个不同的目标。我们有的时候，两个目标都达不到。我下面要举一个例子：这是种愚蠢的政策，犯了错误的政策，它就是不符合帕累托最优的道理。你达到了一个目标，牺牲了一个目标那也算帕累托最优，或者说你达到了另一个目标，把这个目标牺牲了，那也算帕累托最优。而你不能说两个目标都没有达到，都是有害的，那就不是帕累托最优。我这个解释是一个很口语化的，他是用数学的方法来表达什么叫作达到了帕累托最优？我们也可以看到，帕累托最优不是唯一解，它有很多的解，你可以很看重经济增长，而环境保护看得比较次要一点，但是我没干傻事，这两个目标都尽量地做好了，这也是一个帕累托最优。或者反过来，我更强调的是环境保护，而经济增长我把它牺牲一点，但是我也没干傻事，尽量把这两个目标都力争达到，也是一个帕累托最优。那么显然这两个解释不一样。一个重在财富生产，一个重在环境保护，但它都没有浪费。如果两个目标都没达到，那就说明你存在浪费。

帕累托最优里头有一个很特别的问题，他说，我们如果每一个人都有同一个目标，是什么啊？就是想创造更多的收入，那么这个时候的帕累托最优是什么呢？我们有 13 亿人口，除了小孩老人，每个人都想要最大的收入，想办法赚最多的钱，在市场经济中你赚钱就是为社会创造财富。你为社会创造的那点财富，你能拿回来，市场规律是这样子的。你收入高为什么，因为你创造的财富多。换句话讲，在一个比较理想的市场经济中间，不存在剥削的，你拿回去的正好等于你所创造的，这是很公平的。如果说，我们现在不是一个目标，有 13 亿个目标，每个人都要创造最多的收入，那么这个时候，你怎么想这个帕累托最优呢。那就是每个人在改进他的收入的时候，你不要影响别人的收入。别人的收入并不因为你增加了收入而减少，所有的目标都没有倒退，但有一些得到了改进，环境也是在改善，财富也是在增加，那就是帕累托改进，帕累托改进的结果就达到了帕累托最优。你不断地增加财富生产，一直到什么地步为止啊？你再要增加财富生产，不得不破坏更多的环境，这个时候达到了帕累托最优。如果你增加财富生产，但不会造成环境的破坏，那就没达到帕累托最优。你这个目标可以改进，或者说你现在存在着很多的浪费。那么我们说，13 亿人每个人都设一个目标，你怎么能够达到帕累托最优呢？那就是每个人努力去改进自己的收入，在这个改进收入的时候，不能使别人的收入降低，那这 13 亿个目标就都改进了。或者反过来讲，我们说你有 13 亿个目标，没有一个目标是受损的，但是至少有一个目标改进，这就是帕累托改进。这稍微有点绕，不过我想在座的肯定都能听得懂。什么叫帕累托改进啊？就是多个目标没有一个目标受损失时，至少有一个目标改进了，这就是帕累托改进。

我们的改革要怎么成功？就是靠帕累托改进。大家创造财富，但是有一条，你创造财富，你得到收入的时候，你不能破坏别人的收入。你不能搞假冒伪劣，你赚了钱了，但你把别人的利益损害了，那就不是帕累托改进。

这个帕累托改进，是我们经济改革的很重要的一个原则。中国改革成功了，靠的就是帕累托改进。

我给大家介绍一下，在计划经济的时候，那个时候的东西很便宜的，每个人都有分配，每个人都享受着低价的计划分配。你吃的粮食，住的房子，小孩上学看病等，都有计划保证。价格很便宜，那不是很好吗？不行，怎么不行啊？质和量都不行。首先分配的量根本不够。那点粮食你吃不饱，便宜是很便宜，但是量不够。再一个呢，质也不好，那个时候给你的粮食，像东北，哈尔滨算好的，吃玉米面。你到一些小城市去，吃高粱面，高粱面很难吃的。你要吃白面，没有。一个月有那么三两斤白面，但是那个白面很灰的，不是白面。现在我们吃的是真正的白面。那个时候吃的面没有，你看不到白面，你只能看到灰的面，叫八一粉。现在我们吃的粉是精粉，去掉了糠和麸皮的。而八一粉就是100斤小麦出81斤面粉。

这个计划经济，它的毛病就非常多了。我们要改成一个自由的市场经济。怎么改？就是用这个帕累托改进。跟苏联不一样，苏联改革的时候，一下把计划经济废了。我们中国不是，我们计划经济不废，但另外再搞一个市场，这就是帕累托改进。因为你原来享受的条件没变化，计划经济还搁在那儿。你一个月有20斤粮食，现在还给你20斤，一斤在那个时候是一毛二分钱，也就是说低价的供应照样给你，你的利益没受损失。但是我开了一个自由市场，在这个自由市场上随便买，量也不受限制，质也比较好，有白面有大米，这不是帕累托改进吗？没有人受损啊，有一部分人受益，谁受益啊？钱多的人受益。钱多一点的人，他到自由市场上买东西，自由市场不受限制，也可以讨价还价，质量也比较好。这些东西呢，本来就是副食品，肉啊，鸡蛋啊这些，还有这个主食。后来就慢慢把它推广了，推广到很多领域里头，比如说公共交通。公共交通原来也是有计划供给，就是政府办的公共汽车，这种车比较脏，很拥挤，来的也不及时。他另外开了一个轨，是私人办的小巴。票价比较贵，但是不拥挤，每个人都有座，车来得很及时，也比较干净。

票价可能要加一倍两倍，有没有人坐？有人坐，这就是个帕累托改进。你觉得那个太贵，那你还坐公交。你原来的利益不受损坏，你还坐老公交。如果你觉得你负担得起，多花点钱去坐小巴。本来国家办一个公交，现在私人办一个小巴这就是双轨了。这个双轨就是帕累托改进。这个方法越推越广，比如说教育也出现了，国家办的教育，免费的，但是那个教育比较差。那就出现了私人办的学校，从幼儿园到小学初中高中一直到大学，都有私人办的学校，学费那就很贵了。但是照样有人去，为什么呢？他办的比较好，有特色，满足一些特别的要求，不管怎么样，他一定是能做到别人做不到的事。有的是因为它的录取分数低，你考国家的大学你考不上，分数不够，你可以上私人大学，私人大学分数要求低，但是学费也很贵，这不也是双轨制吗？双轨制就是帕累托改进。有人上私立大学对上公立大学的一点伤害都没有。医疗也有，到医院看病也有双轨制。你来挂个号，两块钱，现在你挂个专家号，五块钱，加一倍还不止。有没有人看？还有人看。低价和自由价，计划价和市场价同时存在，这就是一个双轨，它就是帕累托改进。这个改进的结果呢？使自由市场这个轨越长越大，而计划市场这个轨它倒也不是缩小，它长不大，长不大它就慢慢变成微不足道了。那边从 0 开始一涨涨了 10 倍、100 倍，最后这个计划轨无足轻重，谁也不理它了，这就是并轨。怎么并轨的？就是自由市场这个轨越来越得到发展，而计划轨保留不动，比例上，它越来越小了。但是到现在也还有并不了轨的问题，比如股票市场，流通股和国有股，当初把这个股票市场分两种：国有股是不能流通的，流通股只占一小部分，这就是双轨。双轨现在要并轨，但是想不出好办法。那么这些都是例子，就是讲我们国家改革成功，而苏联呢，它就没有搞双轨，它把计划一下废了，马上开这个市场，很多人利益就受损了。它本来低价供应的商品都没了，所以老百姓很不愿意。我们这个改革，没有阻力，更没有伤害任何人，你不喜欢自由市场，你还照样享受那个计划轨，你的利益不受损，那就没什么阻力，于是这个改革就比较顺利。所以改革能够成功，就是得益于帕累托的那个想法。那么最后我们就变成了一个市场经济国家。

市场经济是什么东西啊？它资源配置是效率最高的。它是自由买卖的，商品卖给谁？卖给出价高的人。一个市场，我是生产者，他也是生产者，大家都生产差不多的产品，那么我们就要竞争。买方就看谁的价格低就买谁的，卖方看谁的出价高就卖给谁，这就是自由市场。

这个自由市场是效率最高，资源分配最合理的。我给大家举个例子：房地产。房地产原来是计划分房，福利分房，按照福利来分房。后来朱镕基当总理的时候就把它改了，停止了福利分房，放开了房地产市场，也就出现了商品房。那大概是十年以前。这个十年里头，大家看看，全中国盖了这么多的房，这个十年里盖的房超过过去五十年里盖的房。不管是办公楼也好，宿舍楼也好，这就证明了一条，市场才能最有效地配置资源。我们先不说房地产里头有很多问题，其实很多市场都有问题，只不过房地产市场的问题更多一些。但是不管怎么样，它很有效地配置了资源，使得房地产市场得到了巨大的发展，全世界盖的房也没有中国盖的房多，现在全世界中国是最能盖房的，又快又好又省。像奥运会的这些场馆，北京的首都机场，它都非常复杂，我们都能盖，现在全世界的复杂的建筑请中国人去盖，因为他们盖的都没我们好。为什么？房地产市场非常厉害，通过竞争提高技术降低成本。原来福利分房的时候成本很高浪费非常大，没人管。现在变了你不竞争你成本降不下来，你就赚不到钱。你的房子要越盖越好，现在盖的房子和十年以前盖的房子很不一样，设计也不一样，质量、材料完全都变了，这就证明了房地产市场是一个高效率的市场。

好，现在就出了问题，房地产市场高效率不错，财富的生产它是非常有效的，但是财富的分配出了问题，因为房地产太贵，不要说穷人了，中等收入的人都买不起，即使你盖了这么多房只能卖给富人，那么你财富的分配就有了问题。于是现在想了个什么办法呢？想了个叫做经济适用房，或者叫做限价房，把价钱有所限制，不让它太贵。大家想想看，这个房，是不是有利于财富的生产，或者有利于财富的分配，在我看两个目的都达不到。换句话讲，它不是帕累托改进，它干了傻事，为什么？首先你那个限价房、经济适用房不是卖给出价最高的人，不是商品经济，是个计划分配。一套房比那个商品房要便宜十万二十万，便宜几十万，谁都想要的，你分配给谁，不分配给谁？那得通过计划，通过写申请，我家里几口人，我现在住多少房，我一个月收入多少等，然后你得去审批，给你打分，看你够不够格再卖给你。显然它不是一个市场分配，市场分配是谁出的价格高就卖给谁。限价房不利于财富的创造。

那它有没有利于财富的分配呢？它把便宜下来的一二十万块钱，给谁得到了好处呢？不是给最困难最穷的人。中国现在最穷的是谁？是农民，或者是进城打工的人，他们是低收入的，而他们得不到这个好处。他根本买不起房，你一套房几十万，他上哪来那么多钱。一套房一万块两万块他有可能买，你几十万的房那根本不是打工的人买得起的，所以你优惠的人不是最穷的人，而是中等收入的人。它没有解决收入分配的问题，所以它是一个愚蠢的政策，既不利于财富的生产又不利于财富的分配。有人说中国香港也有经济适用房，但是大家知道中国香港是没有农民的，香港的经济适用房已经卖给收入最低的人了。而中国内地收入最低的首先是农村的农民，还没来打工的人，来打工的已经比农村的农民好一点了，他出来打工收入就增加一点了，至少是这些人，你对他们没有帮助，这对公平没有好处。这就是一个例子，它不符合帕累托改进的一个目标，不利于财富生产不利于财富分配。而且更糟糕的这里产生了贪污，我假装我是穷的，我假装我现在住得很紧，人口很多，写个申请，本来不批准的，不要紧，我给个红包就批了，也就是说买经济适用房的有很多不是符合条件的，拿北京讲，北京经济适用房集中的地方叫做天通苑，那里头净是豪车，奔驰、宝马。他们怎么能够有资格买经济适用房呢？开奔驰的车还能够买经济适用房么？他怎么买到的？通过关系买到的，这就进一步地扩大了财富的不平等。于是有人就想出一个招，经济适用房不要这么批了，我们来抓阄，抽签，这是最公平了，不可能送红包就能买到房。最后，经济适用房就变成用抽签的办法来分配，你能拿到一套经济适用房等于白捡20万块钱。那么我们想想看，这个财富分配是抽签的办法分的，它是有利于财富生产么？它有利于公平分配么？这是社会主义分配原则还是资本主义分配原则呀？抽签分配就是赌博的分配，赌博就是抽签，最后搞来搞去没办法了变成赌博的分配方式来解决经济适用房，大家想想看笑话不笑话！这就是我们不懂得帕累托最优的道理，干了些傻事。这是个反例，我们过去就有很多成功的例子，双轨制就是帕累托改进。

下面我再谈谈这个市场经济，它就是一个13亿人口的“13亿个目标”。用“13亿个目标”作为目标，实现的帕累托改进，就是市场经济。这个意思就是说13亿的人，通过市场经济，每个人都改善了自己而不损害别人，这是一个经济学最基本的道理：自由平等的交换一定创造财富。我们学了好多的经济学理论，这一条理论是最重要的：平等自由的交换创造出财富。理由何在？理由太简单了，平等自由的交换，我和你交换，它一定创造出财富。为什么呢？因为我同意跟你交换一定是对我有利，你同意跟我交换一定是对你也有利。对你有利对我有利那就必定有财富的创造。如果没有财富的创造，我得利你就得损失，你得利我就得损失，跟赌博一样，赌博是没有财富的创造。我赢了你就得输，不可能大家都赢，大家都赢那就是有财富的创造。它的逻辑非常简单，平等自愿的交换，这个条件很重要。如果我能控制你。你干也得干，不干也得干，我可以损害你的利益，这是一个赌博。但平等自由的交换，我不能控制你，你可以选择交换，或者不交换，或跟我交换，或跟他交换，是自由的。但是这个理论，跟我们传统政治经济学的理论不一样。传统政治经济学理论说："劳动创造财富，交换不创造财富。"今天我就给大家讲一讲，到底哪个道理对。我的理论是：交换创造财富，劳动也创造财富，但是最后的财富创造要通过交换。

我举一个例子：我有 100 个香蕉，你有 100 个苹果。我也想吃苹果，你也想吃香蕉，那么我们见面的时候，用一个香蕉换你一个苹果，交换以后我就变成了 99 个香蕉加 1 个苹果，你变成 99 个苹果加一个香蕉。总数没变，但是财富增加了。因为我唯一一个苹果是用一个香蕉换来的，为什么我同意换，因为这个苹果的价值超过了一只香蕉，如果它还是一只香蕉的价值我换它干吗呢？我还是保留一只香蕉好了，我愿意拿我的香蕉换你的苹果，因为我感觉这个苹果对我来讲，它超过了一个香蕉的价值，这个交换对我是有利的，而且你也是这么想。你拿一个苹果交换我一个香蕉，这个香蕉对你来讲，它的价值也超过一个苹果。如果有一个人拿这个香蕉跟我换这个苹果，我当然不会同意的。我有的是香蕉，但只有一个苹果。你拿两个香蕉，换我一个苹果，我也不会换，我不缺香蕉。也许你拿五个香蕉，我才勉强同意了，那就说明我这个苹果值五个香蕉。这就说明我交换以前有 100 个香蕉，交换以后变成 104 个香蕉，我的财富就增加了，而且你的财富也增加了。这里的逻辑上有错误吗？如果逻辑上没有错误，那我们就否定了交换不能创造财富。这个道理太重要，非常重要。什么叫市场经济？就是交换经济，就是换来换去的。换来换去的没创造财富那咱们发神经病啊，干吗费那个劲。交换很辛苦的，是有风险的。为什么即便有风险、很辛苦我们还去交换呢？因为交换中能得到好处。那我们过去的经济学，“交换不创造财富，劳动创造财富”整个就被否定掉了。但是这个否定并不太容易，因为你交换以前交换以后还是100个苹果和100个香蕉，你总数没有变，劳动创造的东西还是那些，你怎么会创造财富呢？要是这个问题你回答不了的话，还是有点欠缺。我们从事实上看，全世界富有的国家，商业都是很发达的，我们说哈尔滨没有广东富，什么原因呢？你交换的少，当然财富就少了。不管什么交换，你搞个大项目当然是交换，你地上摆个摊，也是交换。摆个卖白薯的摊，把白薯卖给过路的人吃，财富就创造了，我们国家财富是怎么创造的，就是从摆小摊开始的。30年前没有公司，连个商号也没有。所有店铺，都是国家的。只有摆个摊，那是你自己的。慢慢这个摊就发展起来变成商铺了，商铺变成公司，再变成跨国的公司。现在我们有跨国公司，什么海尔啊，华为啊，就是从摆摊开始的，钱越赚越多。哈尔滨怎么能富起来？黑龙江怎么能富起来？让大家交换，不能迷信劳动创造财富。

其实不光是马克思，人类几千年来都认为交换不创造财富，劳动创造财富。只有出现了市场经济，也就是前200年，才明白过来，原来交换创造财富。当然我们今天不专门讲这个问题，因为这是专门的一个问题，就是研究“交换怎么创造出财富”。我们能够说明的交换是帕累托改进。我们赚钱，别人没受损。当然有例外，我们两个交换第三者受损。这种情况不是没有，比如说在生产过程中产生污染。生产这个产品，把它卖掉的人，他赚钱；买这个商品的人，他也赚钱。但是他给当地的老百姓造成了环境的破坏，使他们的财富减少了。这就是加起来有创造有减少，到底是正还是负那不一定了。所以对于有污染的这些行业，我们就要核算一下它，总的说起来财富是增加还是减少了。如果它是财富增加，可以，污染产品可以生产，这是一个专门的学问——你怎么判断受损的这些人他们损失了多少财富。

这个交换创造财富的理论得不到承认，极大地减缓了人类的发展，人类就认为劳动才创造财富，就忽视了交换。尽管交换它是创造财富，它是自发地在做，但是大家把它看成是资本主义尾巴，看成是剥削，这是比较普遍的看法。你也没有劳动就赚这么多钱，肯定是剥削来的嘛，于是就打击商人，这个中国外国都一样。这个错误的理论把人类的发展推迟了恐怕有一千多年，一直到 19 世纪市场经济开始得到发展。交换的好处就是帕累托改进，条件是它没有外部性，不影响第三者，大部分生产大部分交换都没有外部性，少数有外部性。大部分的交换活动产生的外部性非常小。我们在这里开会有没有外部性，有一点外部性，比如这个电，发电时就有污染，但我们认为它的污染比较小，不至于影响我们今天开会的价值，当然我们这个会不是卖票的，如果卖票的话，它是创造财富的。

交换创造财富有一个重要的推论：交换是双方吧，我一个人跟谁交换？一个人交换不起来，最起码得有两个人交换，所以创造财富不是一个人的事，是两个人的事，而且呢，是这两个人都赚钱。不可能说我赚了钱你赔了，你赔了干吗还跟我交换啊。因此，一个企业家如果赚了一百万，不是社会减少了一百万，而恰好相反，社会另外还有一些人也得了一百万，肯定有的，因为企业家不可能一个人，他自己跟自己肯定没法交换，他跟另外一个人交换，另外一个人跟他也是一样的，从全社会来看，存在交换的两个人是对称的，一样的人，这个人赚了另一个人肯定也赚。企业家买原料，从做原料的企业家手里头买原料，原料商他出卖原料，他要赚钱。中国出口到美国，赚钱；美国人进口中国的商品，他也赚钱，任何一个交换双方都赚钱。于是，我们就更没有理由说赚钱就是剥削，而恰好我们应该说，赚钱还帮助别人赚了，这就是帕累托改进。

今天我们所享受的一切物质财富全都是交换得来的，各式各样的物质财富，你用手机、用计算机、坐公交、买衣服穿，无一不是交换得来的，我们的生活水平极大地提高了。如果没有交换，你只好自给自足，自己去织布，织个布你肯定织不好，自己烤面包你也烤不好。

刚才讲的这个财富的创造是帕累托改进。老太太养个鸡下个蛋，把蛋卖给这个需要营养的人吃，这就是帕累托改进。他们两个都得到了好处，第三者没有受损失，所有交换都是这样。但是如果我们把目标看成不是财富的增加，而是财富的比较，你比我有钱还是我比你有钱。追求财富的排列的名次，我比你高，还是你比我高，那就不可能有帕累托改进。全中国有 13 亿人，我们把 13 亿人排个队，最富的人排第一，第二富的排第二，最穷的排到第 13 亿。排完队以后，你想要超过别人，那就一定有一个人被你拉下来，那就是有人受损，不可能是帕累托改进。我们说简单一点，一个班里有 30 个同学，你排个名次，考第一的，考第二的，一直到第三十名，要有一个同学超过了别人，他的名次往上升了，别人的名次肯定往下降。如果你追求名次的话，就不存在帕累托改进。但是，如果你追求的不是名次，追求的比如说是全班的分数，用分数来表示你的这个学习的多少，那很可能我们全班人的分数都上升了。名次有改变，这个没关系，我本来考 80 分我现在考 85 分，我增加了 5 分，证明我学得更好了，而你也增加了，这个可以是帕累托改进。大家都学了一点东西，没有谁受什么损失，但是你要是讲名次的话，有人改进一定有人受损失，因此一个社会如果形成了一种追求名次的风气话，比谁有钱谁穷，这个社会就够呛，那就有点好不了。我们说开奥运会，全世界好几千运动员到北京来，争名次来了，争冠军嘛，但是我们可以肯定绝大部分人都没得到冠军，得到冠军的人少数啊。好了，这个争冠军的奥运会使得大多数人都失望，失望就是一种痛苦。这个奥运会还要开不要开？可是奥运会现在还开，简单的道理就是，他们不是来争名次的。

你看奥运会开幕式的时候好几千个运动员兴高采烈，闭幕的时候，得冠军的是少数，但是那么多的运动员闭幕式照样兴高采烈，这个有意思。现在我得到的结论是什么呢，奥运会之所以成功，虽然它有冠军，但是，大家来看奥运会的目的是一种参与感，为什么参与给人满足呢，他没得冠军，他也参与了，我想了一想，觉得是有道理的。我没去参加奥运会，但是我确实看了一场，到鸟巢里头，看了这一场比赛我都特别的高兴，那人家参与奥运会了当然要比我更高兴了！我们对于名次的问题要有另外一种看法，我们认为参与是一个人得到快乐的一个原因，而不是得冠军，得冠军是一个副产品，如果你把得冠军作为唯一的目标，我非常不赞成这种想法。

财富的比较也是一样，我反对老在讲富人穷人，老比谁有钱谁穷，这个比来比去的没啥好处的，怎么有好处啊，你不管人家有钱没钱，你想办法变得有钱，致富光荣这就对了。我们如果说为的是争名次，那我的名次往前排，怎么排啊？把有钱人变成穷人，我的名次就往前排了。把全国最有钱的人变成最穷的人，那13亿减去一个富人都挺痛快。但是第二有钱的现在变成第一有钱的了，他变成全国人民痛苦的原因，要使得全国人民快乐，把第二有钱的也变成最穷，全国人民又痛快了一次。咱们老这么痛快，痛快到最后怎么样？全国人民都变成穷人了。这个不是我在说笑话，不是一个理论上的逻辑，这就是我们干的。新中国成立30年，从1949年到1978年上，咱们就干了这么一档子事，把全国的富人都消灭掉了，穷人翻身得解放了，最后的结果是，改革刚开放的时候，1978年，中国变了个穷国，连饭都吃不上，这个教训太惨痛了。千万不能追求名次，追求财富非常好，追求名次是一个没有结果的，是大家痛苦的过程。要不断地有帕累托改进，全社会的财富才能增加。中国为什么现在这么富有，原因就是我们搞了帕累托改进，财富没有减少只有上升，全社会没有减少只有上升，那财富越来越多，越来越多。

我们今天享受的财富，中国几千年都没有享受过。财富这么增长，大家的钱比过去多多了，但是大家的快乐没有增加，大家满意度没增加。所以现在社会矛盾挺多，到处有事，牢骚也挺多的。你看网上骂人的特别多，骂人的人他心里有气，所以他才骂人，那些骂人的财富增加没增加？我相信大多数也是增加的，和 30 年以前比，他们的财富肯定是增加的。现在，30 年以前穷的人可以说没有，但现在就出现了一个矛盾，就是财富增加了，快乐没增加，幸福感没增加，满意度没增加，那我们能不能把满意度也用帕累托改进呢？这个是一个非常重要的问题，那就是至少有一个人财富增加，而没有任何人财富减少，这就是财富的帕累托改进，它使得我们这个社会非常的富有。同样的道理，我们怎么能够使得社会不是财富的增加，而是快乐的增加？如果全世界没有一个人不快乐，而至少有一个人更快乐一点，那么这样一种帕累托改进，就使得全社会的快乐越来越多了。快乐的总量就跟财富总量一样增加了，这个是一个理想社会。快乐的增加和财富的增加并不矛盾，财富增加当然很快乐嘛，但是那个不对，还有不快乐的地方，我们要想办法让快乐增加，那就使得全社会快乐极大化，快乐极大化在我想就是天堂。什么叫天堂啊？我来给它下个定义，就是快乐的极大化。在天堂上没有人会痛苦，有人痛苦了就不叫天堂了，万一我上天堂了我变成了一个痛苦的人，那有什么意思呢，上天堂就大家都快乐嘛，我们何不把现在的地面变成天堂呢？它的办法就是快乐的极大化，也就是说快乐的帕累托改进。我们怎么能够做到不让人痛苦而拥有更多的快乐，我就提出了一个人生的目标，自己追求快乐，同时帮助别人快乐。它使得全社会的快乐越来越多，这个目标超过一切目标，这个目标是最重要的，那些目标都要服从这个目标。如果目标之间有冲突的话，我们最要紧的目标是什么？是自己快乐帮助别人快乐，也就是一个和谐社会。我们怎么能够做到这一点，这个问题是个大问题，这是个大学问。怎么增加财富这个学问已经研究得非常透了，这是经济学我们研究的，这个研究我觉得没有快乐的研究重要。你们有人看过我的文章《人生的意义》，人生的目标是什么？就是自己快乐让别人快乐，不但人和人之间是这种关系，国家和国家之间也是这样。没有理由叫人家出难题，叫人家难受，可惜有些政治家就不懂得这一点，老给别人出难题，老跟别人过不去，自己觉得很厉害，很幼稚的一种想法，他们应该改变想法，不要给人出难题，自己快乐帮助别人快乐。

问：贫富差距不断扩大，不仅是中国的问题，而是世界面临的问题，现实生活中有穷人愈穷富人愈富的趋势，贫富差距不断扩大。如何建立一个畅通的渠道使穷人变成富人而实现橄榄形收入？

茅：我觉得这个问题问得好。就是一条：不要追求名次，追求名次没有帕累托改进。我们追求是致富光荣，大家都致富，也别管人家怎么样。我不同意说现在是穷人愈穷富人愈富。按中国的情况讲，穷人没有愈穷，穷人也改善了。而 1949 年之后的 30 年，是穷人愈穷，富人也愈穷的，没有富人，全国人民越来越穷越来越惨，全国人民吃不上饭。结果就是追求名次，把富人都打倒了。这个政策很危险的，尤其我们宣传剥削理论，很危险的一个理论，认为这个穷人之所以穷是因为富人富，所以要想解决穷人的问题就要打倒富人，这个理论是绝对的错误，我们执行的这个理论，执行了30年，最后是穷人更穷，富人也变成穷人了，全国都是穷人。结果没有一个人有小汽车的，现在我们这么多人买车，还有更多人要买，现在车是越来越便宜了。所以解决的办法就是：致富光荣。大家想想看，别人富对我是好是坏？对我是好的。但是如果追求名次的话，他富我就不高兴；但是如果是追求财富本身，别人富肯定对我有好处，不管你干什么。你办银行，你希望你的存款户钱多好还是钱少好；你开个铺子，你希望你的顾客钱多好还是钱少好，那毫无疑问，顾客的钱多帮助你赚钱呀。顾客都是穷人你赚什么钱。我的收入比过去的收入增加了十倍都不止啊。为什么？因为我的稿费增加了，我以前，每千字大概50元左右，现在500元，有时候达1000元。不是说我现在本事比过去大了很多，而是因为看我的文章的人他们的钱多了。他们出得起更多的钱，所以我的收入就提高了。你开个饭店，来吃饭的人都是有钱人，你肯定能多赚钱的。所以别人的钱多我是高兴的，因为我也能沾上光。

问：在实践帕累托的时候，全世界的资源有限的情况下，会不会以牺牲效率为代价，降低社会发展的速度？

茅：你说的是对的，我们为了两个目标，一个是财富的生产，一个是财富的分配，我们要强调财富的分配，也要强调财富的生产。如果是给你已经达到了帕累托最优，已经达到没有干愚蠢的事，你就站在那个帕累托最优的点上。任何一个目标的改进，你得牺牲另外一个目标，当你实现帕累托改进的时候，你改进一个目标一定要损坏别的目标。如果你改进一个目标而不损害别的目标，说明你没达到帕累托最优，你的改革的潜力还没用完。

问：市场经济充分发达的今天，却是建立在计划经济地位边缘化之上，怎么用帕累托方式解释这个问题？

茅：我的理解就是计划经济要退出人类的历史舞台。全世界搞计划经济没有一个搞成功的，搞市场经济都成功了。200 年以来，从 19 世纪到现在，人类有几万年的历史，但是这个 200 年完全出现了非常不同的情况，人口由 10 个亿增加到 67 个亿。人类几万年长了 10 个亿的人口，200 年增加了 50 多个亿，现在是 67 个亿。人类的寿命 200 年以前，26 岁，现在 67 岁，200 年增加了 40 多岁。什么原因呢？市场经济，只有这个原因，那为什么大家还要迷信计划经济呢？很多国家搞计划经济，我觉得这是经济学没学通，学通了经济学的人他绝不会赞成计划经济的。

问：听了您的报告我很受启发，请教几个问题，劳动创造财富，交换也创造财富，我觉得交换创造财富只是微观上的。从社会财富总量上来说，交换并未创造财富，商品的流通环节越多，成本就越高，表面上财富虚长了很多。但并没有因为流通次数的增加而增加社会财富。

茅：我觉得你还是没听懂我的话，任何一次交换是不是双方同意的？是。因为只有一方同意，这个交换就做不成，所以任何人做成功的交换就是双方同意的。双方同意是不是给双方带来好处？一定带来好处，不带来好处我干吗交换啊？双方带来好处是不是财富增加？财富不增加你带来好处我就赔了。就是这么个逻辑。你说微观上来说增加了，总量没有增加，你看看一个国家也好一个城市也好，它怎么富的？交换致富，不是劳动富的。如果劳动能致富，那应该农民最富，农民劳动最多嘛！现在我们看最有钱的是什么人？做交换的人。你交换的量越大，比如说金融家，一调拨就是多少个亿，这些人赚钱最多。所以说很多学生想学金融，能赚很多钱。金融的调拨创不创造财富？创造财富。我们在座的是不是有学金融的？你哪怕不学金融，你学经济，你也得懂，金融怎么创造财富的？那你说，调来调去财富没增加，那不对，增加了。我国有很多地方政府的领导，不懂交换能创造财富，马路上摆地摊，他说这个摊子没啥意思，他不知道这个摊子在创造财富。他摆个摊子一个月能挣上好几百块钱。他有了这个钱他就要买东西，他一买东西政府就收税了，收多少税？如果他挣 1000 块你收 200 块钱税？他摆地摊帮你收税。每个人都有交换的机会，你敞开这个交换的机会，财富就滚滚而来了。比如说摆地摊，去烤白薯，把生白薯变成熟白薯，当然这里头是有劳动的。但是你看金融业，这是最典型的。金融就是钱从生产效率低的地方调动到生产效率高的地方，这是产生财富的。假如我有 1 万块钱，这 1 万块钱准备放着万一我生病的时候再用，平时把它锁进橱柜，或放在抽屉里头，这 1 万块钱当我没生病的时候，对我来讲等于零，根本没什么用处，而对别人来说可能非常有用，我把1万块钱借给他，财富就创造了。

这个问题，我感觉到，你们听我的报告，你要顺着我的思路去想，你才能把我的东西学到手，如果你还是用你原来那套东西，你不会接受我的东西，那你学不到我的理论。我建议你们应该先放弃一下你原来学的那个“交换不创造财富”的理论，你先放一放，你顺着我的思路想有没有道理，两个做比较。今天我们这个论坛，就是启发思想的，这个得找出矛盾。原来学的交换不创造财富，今天茅老师讲的交换创造财富。那我就顺着逻辑上一步一步去对，哪个地方有矛盾，这个矛盾我怎么判断。你这么想来想去你就提高了，你的经济学就长进了。如果你还是抱着原来的劳动创造财富，交换不创造财富，你挑我的毛病——其实你也没有挑到我的毛病，也没有拼过我的逻辑。

问：法律往往对财富的再一次分配进行限制，立法用帕累托的理论比较频繁。法律往往会保护一部分人的利益同时又牺牲另一部分人的利益。请问帕累托改进怎样更好地用于立法？

茅：法律不能保护一部分人而牺牲一部分人，不可以的，法律要保护一切人。如果法律伤害了人，这个法律就有问题；但是如果一个人有错误，法律给他的制裁，不得不这样做的时候，要非常地谨慎，因为他违背了我刚才讲的，自己快乐帮助别人快乐，你使得一些人痛苦。你就想想这个痛苦是一个代价，你得到了什么，你付出了这样一个痛苦的代价，这个是非常大的问题了，怎么能够使全社会的快乐越来越多，变成一个和谐的社会，这已经超越了经济学概念。但是它的想法、它的逻辑、它的思维方式是从帕累托改进来的。而且我感觉它使得我们对过去的许多传统看法产生根本性的变化。社会责任感，道德等讲是讲得很对，但是没有讲到点子上。这些东西如果跟我所提出来的这个目标相背的话，我觉得都是值得怀疑的，所以我希望我今天这个报告能够启发我们的思想，能够活跃我们的思想，能够提出问题来，而不是说没有道理的问题，而是逻辑上的问题。大家都学过几何学嘛！都会证题，几何学要的就是逻辑，一条一条从这个推出那个，从那个推出这个。

我今天用的方法也是个逻辑的方法，在讲这个帕累托改进。我希望我们能够通过这样的活动活跃思维，能够启发大家去思考，能够通过这个思考来提高我们对学术的兴趣和对学到的这些东西能够有所提高，这也是我非常希望今天演讲能够达到的目的。

关于财产和税收

——对话茅于轼

（2006 年 4 月）

交税就是买政府的服务

赵国君：茅老，感谢您接受我的采访。税收问题涉及方方面面，但还是要从老问题开始，什么是税？

茅于轼：要说什么是税，应该问一句：交税为什么？

我认为，交税就是买政府的服务。

昨天我们在《中国税务报》社开了个会，所有的人都一致呼吁减税。为什么？人们认为现在的税负太高了。当然，税负高低也很难说，与其他国家相比，我们的税负还不是太高。但，高与不高，不是数字意义上的。关键的问题是税负的高低必须和政府服务的数量和质量联系起来，即税收的增减必须从纳税人所享受的政府服务来判断。服务少，少出钱；服务不好，也少出钱。

赵国君：将税收和政府的服务质量联系起来反映的是个体的人与政府之间的一种交易关系，既然如此，完全可以按“质”论价了？

茅于轼：当然啊。纳税人支付出去的就是税，“买”回来的呢，就是政府所提供的公共产品与服务，如国防、外交、维持法律和秩序等。

赵国君：交税是购买政府服务，那和用自己的钱财雇佣保姆不一样吗？

茅于轼：是啊，纳税人用一部分财产来购买政府对自己的服务就是税的实质。在这种关系下，政府必然受到民意的制约，就像业主们有权联合起来自主选择物业管理公司一样，公民个人也有权选择由谁来向他们提供公共服务，并有权定期加以更换。

赵国君：一句老话，“皇粮国税，不交有罪”，流传了几千年了，反映的是不交税的后果很严重，按照您的说法，交多少税是我们纳税人说了算，这里面的差别可大了。

茅于轼：中国传统的“皇粮国税”不是税，是一种保护费，是“贡”的性质，“皇粮国税”是义务的观念，不是交换。现在的纳税是一种交换和购买，彻底改变了百姓和政府的关系，然而我们大多数百姓并没有从这个角度上来认识纳税，尤其在农村还把纳税看成是“纳皇粮”是非常不妥的。

从经济学角度来说，税就是一种带强制性的交换关系，也是对财产权的侵犯，允许侵犯的代价就是要政府为我提供良好的服务。这个观点并不被许多人提到，总比税负高低、税收多少，没有意义，还和美国比，和欧洲比，怎么能够和他们比呢？北欧国家上学免费、医疗免费，人家交50%的税可以呀，买的服务多，质量好嘛。

一定要强调交税就是购买政府的服务，这是个根本的问题。

赵国君：纳税人出钱的目的是购买服务，服务太差了怎么行？

茅于轼：当然，政府的服务太差，购买者就有抱怨、挑剔和不买账。现实情况也是如此啊。还有那么多的贪渎、腐败、冷漠，政府不好好做事就是没有给购买者提供好的服务，你愿意买这样的服务吗？不可能啊。所以，就要求政府改变作风，要求少交税。议会里成了博弈厮杀的战场。谈好了，政府规规矩矩，依法执政，谈不好，政府下台，有能力的人组阁，重新洗牌。你看，法治国家里的议会哪一个不是将税作为重点争论的对象？又有哪一个政客不是以税做文章，颁布施政纲领，取悦于民众？所以说，税是民众与政府关系的一个重要力量。根本的问题还是政府要为纳税人服务。

赵国君：这就像那句话说的："当政府是你的仆人，你是自由的；当政府成为你的主人，你就像一个奴隶那样，不再重要了。"

茅于轼：有道理。对纳税人而言，政府只是为你服务的机构，这一点一定要讲清楚。

爱不爱国就看你是不是认真交税

赵国君：要是政府不够廉洁，整天拿着纳税人的钱花天酒地，公民能不能够以此抗辩，不交税呢？

茅于轼：听上去有道理，但是，等到政府不腐败了，再交税，要等到什么时候？现在，全世界有腐败的政府占大多数，特别是发展中国家。问题是，政府虽然与贪污腐败做了强有力的斗争，但腐败一时还难以消灭。在没有消灭腐败之前如果政府没了税收，怎么运作？国家更难治理。要知道，反腐败也是要花钱的。

赵国君：那也不会是你越贪污腐化，我反而对你还报有信心，往里搭钱等你改邪归正吧，什么时候是个头儿？

茅于轼：那什么是政府啊，按照天赋人权和社会契约论的观念，需要政府吗？政府是不得已的产物，我们必须让度出部分权力组成政府来管理自己，政府是必要之恶。所谓宪法就是人们同意政府统治自己的契约，核心的问题还是限制公权对私权的侵犯。所以，当政府是基于被统治者同意建立起来的时候，公民是国家的主人，政府是为自己办事的机构，又不是别人的事，怎么可以袖手旁观呢！

因为政府不够廉洁就不纳税，实际上就是放弃了自己做公民的权力。有偷税行为的人能够、或者说有资格理直气壮地监督政府吗？一个国家由这样一批旁观者所组成，怎么能成为一个像样的国家？

我们每个人都希望国家走上正轨，首先每个人要认识到，自己是国家的主人，也是政府的主人，要承担起公民的责任，这才会有公民的权利。这种权利与义务的关系是现代社会人民和政府关系的基础。不从纳税这一点开始逐步建立起这种基础关系，民主法治永远只是一句空话。

赵国君：作为一个有尊严的个体，一个法律意义上的公民，是不是既应该认识到纳税人与政府的关系，也应该正视政府的作用，即使它做得不好，也不能向坏人看齐，还是应该有责任，有担当。

茅于轼：应该的，不仅如此，因为有贪污而拒绝缴税，是非常危险的事。因为别人有错，自己也可以做错事；把别人的错误当成自己犯错误的理由，其后果将是非常严重的。只要社会上有一个人犯错误，大家都可以跟他学，全社会的道德水平将一滑到底。大家都向坏人看齐，社会的道德将荡然无存！相反，不管别人如何不讲道德，自己坚守道德信条，并进而向不道德的人批评，这样的社会才有希望。在最坏的环境下仍能坚守自己的道德信条，这才是民族的脊梁，国家的支柱。

赵国君：先生真是“以德报怨”，君子之风，但愿政府也如谦谦君子，切实把纳税人的钱用到实处。

茅于轼：一个好公民是忠于自己国家的，这意味着你对国家是采取建设性、而不是毁坏的态度。假如政府做错事，你严厉批评政府，那是希望它改善，这就是建设性。假如你明明发现国家在走向错误的道路，你却还是说，就是好！就是好！那是一种毁坏的态度。

西方人把死亡和纳税看成是人生不可避免的两件事。死是每个人到头来不可逃避的，纳税也一样。我们是一个刚刚从计划经济转型过来的国家，原来个人和政府的关系是自己无私奉献，政府统包一切。现在无私奉献越来越少了，而政府统包的想法还继续存在，样样事情要靠政府，可是纳税的意识还没有建立起来。不但老百姓这样想，连政府也还保留着类似的想法，并没有把纳税看成是一个人不可避免的事。

大家都知道，国外对政府官员的纳税情况监视特别严格，这是检验一个人够不够资格当官的起码标准。在我国从来没有听说对哪位官员检查过纳税情况，几个大贪污犯成克杰、胡长清等的罪状中间也没有偷税这一条。

赵国君：应该反思的是人民与政府之间到底是什么关系，这个关系不理顺，好多观念上的疙瘩解不开，纳不纳税就成了一种良心账和不得不接受的东西了。

茅于轼：是啊，过去一谈人民和政府之间关系就是人民的无私奉献，政府、国家概念搅成一团，具有天然的正确性。现在不同了，人民有了自己的利益考虑，不再无私工作了，将来我们的民主与法治制度逐步健全，政府成为人民的雇员，听命于人民，虽然基于管理的需要也要有一定的权威，但也还要接受公民的监督。

因此，过去政府负责人民的基本社会需要，我们做什么都要感谢党和政府，现在，人民不是为党和政府工作，是为自己，每个人挣的钱就是他们在工作中创造的财富，政府的收入大部分靠公民的纳税，从经济关系来看，政府与人民的关系有了本质的不同。

赵国君：您在一篇文章里主张：纳税比爱国更重要！为什么这么说？

茅于轼：很简单，如果不纳税，国将不国，想爱国的人也无国可爱了。所以，你要真的爱国，那么你就先要依法纳税，如果你宣扬很爱国，背地里却偷税漏税，那么就有理由怀疑你所谓的爱国是否出于真心了。

仔细想想，爱国口号喊得震天响，遇到纳税却想方设法绕着走，这是为什么？因为，爱国的成本很低，一般表一表态就可以了，而纳税的成本却十分真实，必须掏自己腰包，所以，我说爱国容易纳税更难。

1999 年，我国在南斯拉夫的大使馆被炸，大家同仇敌忾，爱国主义情绪高涨，甚至愿意为国捐躯，但碰到纳税问题却没那么自觉。真是让人奇怪：愿意为国家慷慨赴死的人，为国家交几个钱却那么吝啬？

赵国君：我曾写过一篇文章说“爱国主义是一种幼稚病”，也对这种“假大空”式的爱国主义提出了批评。

茅于轼：问题还不在这里。多年来，我们判断一个人对国家的态度主要是听他说了些什么，包括现在是不是拥护党的领导，是不是和党保持一致；我们还喜欢让人表态，这种表态主义不但培养了奴性，也培养了大量双重人格的人。

口头爱国派深知喊几句爱国是没有成本的，未必真要上前线打仗，而缴税却是货真价实的。过去没有税的问题，爱不爱国喊几句没事，现在要纳税了，好，爱不爱国就看你是不是认真交税了。

试想，如果没有人纳税，政府岂不垮掉，党没有税款也无法运转，国家都由这些说大话的口头爱国派组成的话，国将不国，党将不党，还有什么国可爱？

赵国君：一方面税是购买政府服务的对价；另一方面，无论如何，税又是必须得交的，是这样吗？

茅于轼：是的，没有理由不纳税。

从来没有恩赐的幸福

赵国君：茅老，您的观点可能不会被另外一些人所接受，在他们主张的社会里并没有税收的概念，也有高福利，高补贴，上学看病也免费，但他们要证明，所有的幸福均来自于政府的赐予与领导的英明，人们就沐浴在这样显见的恩赐中，根本就没有税的概念。

茅于轼：从来没有恩赐的幸福。

这些高福利、高补贴的钱从哪里来啊？总不能说是政府或英明领袖自己创造出来的吧，政府不会创造直接的经济价值，相反它是个消费者，消费纳税人税金的机构。伟大领袖一个人能够创造什么？过去的说法是财富均来源于劳动创造，我说交换也创造财富，无论劳动还是交换不过是大家劳动创造的结果，虽然没有体现为税，这些钱还是来源于税的。无论是制度设计还是人为的宣传，没有税是不能的。你可以不叫税，叫利润，但总归是人们创造的财富集中到了政府手里，政府才能够花钱办事啊。

赵国君：计划经济的年代里，“非税论”盛行，根本就没有税的概念，人们在这种低物价、低工资，但高福利、高补贴的体制下却有某种眩晕的“幸福感”，为什么呢？

茅于轼：这个问题很复杂，也很大，所谓的幸福感可能来源于某种“公平感”。但公平感并不一定代表真正的公平，何况就是真正的公平也不一定是全部的幸福，幸福应该是自由的、快乐的，你能承认那个社会里的人是快乐的吗？只有少数人快乐，大多数人表现得、或必须表现得很快乐！

我常说，不是财富最大化，而是快乐最大化。政府的职能必须保护公民的基本人权，其中可包括不虞匮乏的自由。使人们生活得更好本来就是政府存在的目的之一，否则人们要政府干什么？或者苛政日久，政府就被推翻而不存在了。

我倒以为那样的环境下并不是真正的幸福，你尽可说有些人感觉如此，但普遍的幸福不会存在，我就是从那样的环境里走过来的，有着亲身的感受，更多的是各方面的切肤之痛，绝少眩晕的幸福，因为我不快乐！

赵国君：幸福得叫人快乐，也有带着镣铐跳舞的人啊，虽然不知道有多大的普遍性，但毕竟反映了一个时代的精神特征。税的问题似乎很专业，其实关系着每个人的钱袋子，并不复杂，体制、观念、错误的宣传使这个问题被遮蔽了。

茅于轼：就是啊，直到现在有的国家还在讲幸福的生活是政府赐予的，是来自于伟大领袖的恩典，有的政府很忌讳甚至不让用“纳税人”的概念，让你感谢这个，感谢那个，是很落后、很荒唐的。

一个再简单不过的道理是：幸福不是来源于赐予，而是来源于所有人的创造，这没有什么秘密可言。

没有私有财产就没有税收

赵国君：据杨小凯先生的研究，公有制经济的一个好处是能够避免收税的交易成本，“顺便也一劳永逸地避免了执政者在财政上仰赖民意机关的威胁”，怎么理解这个判断呢？

茅于轼：这是一个非常深刻的洞察。我们应该反思：为什么所有的宪政国家都是私有制？一句话，仅仅因为财产私有，征税才需要财产所有人的同意，也才有税的概念啊。

以前是计划经济，也就是公有制经济，财产表面上是大家的，税被隐藏起来，不存在了，但上缴的利润是什么呀？里面有没有税？当然，公有制企业效率不高，经营状况并不好。但有一点是明显的，如杨小凯所说的，收税的交易成本没有了，的确不需要交易。

相反，产权确定了，政府从属于公民的私有财产中索取一部分，这才能叫做“赋税”。公有产权制度下，政府本身是一个所有者，它收什么税？收谁的税？它的主要财源来自于整个公有经济体制的利润，而不是来自对私人财产的索取。

赵国君：那钱不过是从政府左口袋装到了右口袋里，难怪米塞斯会说社会主义国家不存在核算，因为没有价格。同样，也没有赋税，因为没有私有财产制度。如此，政府与人民之间也就没有什么讨价还价的博弈了，对吗？

茅于轼：是这个意思。只有当收税是收别人的税，收税才会成为一件有难度的事。公有制经济却几乎避免了这种冲突，因为它不需要从私人那里收税。也就是说，它对社会财富的攫取主要不通过“税收”这一本质上属于私有制的方式来完成，它对社会剩余的索取手段主要是计划经济。

赵国君：可是公有制有利润吗？如果有，那点儿利润够维持用度吗？

茅于轼：除了政府作为所有者的利润收入外，还有其他隐性的收入。我们注意到，社会主义国家普遍实行低工资制度，这不是偶然的，在非契约化的劳动体制下，劳动者的报酬不能讨价还价，不会有合理的劳动价格。真正的事实是大部分劳动所得以各种非税收的方式被攫取和积累了。有学者计算说，前 40 年中国农民平均每年有 260 亿被无偿掠取，杨小凯同时也做过论证："在价格剪刀差形式内，隐藏农民总贡献达 8000 亿元。"

"法眼"看税，问题不少

赵国君：现在的情况大不相同了，不但有了税，还有税收收入的高度增长，人们在肯定税收领域成绩的同时，对存在的问题也在逐步地探讨和解决之中，依法治税的观念在不断倡导和实践中，比以前变化大了。

茅于轼：是啊，现在都在谈依法治税，是个好现象。但有许多问题也要反思，是不是真的有法的观念，是否按照法律的标准行事了？依我看，现在许多地方还是依计划征税，不是依法征税！

现在考核税务机关的主要标准还是看有没有完成收入计划，是否在某些方面达标，标准还不是法律的标准，有很多人治的色彩，计划经济管理的思维还很重。把法律扔在一边，需要的时候拿来用一下，好用时用一下，不好用的时候把它扔了，并没有建立起完整的法治精神。

赵国君：应该说比过去好多了，毕竟操持的语言与过去不同了，说的是法律，而不是意识形态、政治叙事。但观念转变还有待时日，许多人的观念还是停留在计划经济时代，以为税收不过是为国聚财，不过是以完成税收任务为第一要务，否则，要税务做什么？更糟糕的是在税务行政机关内部存在着严重的人治而不是法治的传统，管理的理念非常落后，唯上是从，既与法绝缘，又与现代社会的发展相悖，引人深思。

茅于轼：所以，依法而论，存在的问题还很多。比如，加税是不是说加就加了，还要不要经过人大通过？你学过法律，是不是这个道理？

赵国君：当然，法律上有一个立法保留项目，就是有些领域必须要法律规定才能实行，比如财税金融制度、司法制度、限制人身自由的也需要法律，法律是个专用概念，专指经过一国立法机关，也就是议会制定的法律才能规定，不能是行政法规、规章，或者部门通知漫天飞。我国《立法法》已然规定了涉及税收的规定必须是法律，只不过现在还是行政法规统领，部门规章频出，各地通知层出不穷，没有依法行事罢了。

茅于轼：我能感觉到的问题就不少，比如，税制设计也不尽合理，在所得税制中，许多劳动成本没有完全抵扣掉。1600 元的扣除标准是不是太低了？研究所一个出纳员的工资就 2000 元，研究人员的工资在五六千，甚至上万元。成本扣除少，说明许多劳动成本税务机关是不承认的。还有企业所得税中的扣除，广告费、宴请费、馈赠费等在商业往来中是不可避免的，大量发生的，扣除标准怎么掌握？以前，广告费有个比例才能扣除，其他费用也有标准，这样的标准是政府自己掌握的，当然不会太高，造成企业成本扣除很少，所得额增大，征税增多。

这样的设计背后反映的理念是，企业是国家的，花一分钱都是国家的，所以我控制你的开支，而真正的事实是企业不是国家的，是私人的，有什么理由管人家开支？在这些方面，政府对外企控制得比较松，但外企和内企应该是一样对待呀。

赵国君：税制的设计关系到税收公平，的确很重要。当然，怎样建构一个合理的税制确实需要详细论证，科学决策，但我想还是有个观念的问题，征税为什么？怎样征税？是为预算而敛财，为了政府此时此刻的用度而完成任务，还是为了发展经济、服务纳税人？观念决定决策，杀鸡取卵与涸泽而渔都是要不得的。

茅于轼：谈到公平，还有一点很容易被忽视，甚至很少提及，征税的成本由谁来负担？税务机关盖个楼，谁负担？说到底终归还是纳税人的钱，纳税人负担了一切。但是，由于严加征管的成本是不是也由纳税人承担？我看不能。比如，安装税控收款机谁负担？

经济学讲，如果征税成本意识有了，税务机关在征税的时候就有个成本考量，花多少钱是值得的？比如，征一块钱税，该花多少钱？征一块钱税，花一块钱成本，那还有什么所得？除非花的成本比较小，才有收获呀。

很明显，如果成本由纳税人承担，就没有什么限制了，不断地加强征管的结果是收入总是增长的，而纳税人的成本负担是不断加重的，这还了得？如果由税务机关承担地话，就有个收入最高点，这个点是边际收入等于边际成本的点，再加强监管，加大力度，反而得不偿失了。所以，最科学的点是征管收入与征管成本相等的时候。

道理很简单，边际成本等于边际收益能使税收收入达到极大，这是指监督成本由税务局承担，才会发生的。如果监督成本是税务局自己的，它会控制对纳税人的监督成本。自己支出的成本小，收入大，好，执行措施。往下干，再增加监督，也就是再增加成本，收入的增加应该是越来越少。所谓，征管越严，该交的都交了，偷漏税的缝隙也就越小，收入增量会下降。这个时候，无论怎么加强监督，增加成本，已经收不上税了。超过那个收益最大的点，收入就会变小，无论怎么“努力”。

反过来，如果征税中的监督成本是纳税人承担，而收入是税务局自己的，那监督就没有底了。

赵国君：税收成本的确是个大问题，目前学界在不断探讨，税收实务界也在提，但还没有真正公布考核税收成本的制度，纳税人的确不知道政府为征税到底花了多少钱？也不知道自己为纳税付出了多少成本。

茅于轼：一般的意义上的分类是把税收成本分成征管成本，或监督成本，比如刚才我们探讨的，还有就是其他纳税成本，你所说的纳税人为纳税付出的金钱和劳动。我们探讨的核心也是二者如何划分，哪些归政府所出，哪些是纳税人负担，当然，抽象地说，政府所出终归全体纳税人的税款来负担，但在具体案例，关系到每一个人的时候是不一样的，还是要分清楚。比如香港每年的税收报告里都有税收成本一项，不但有本年度的，还有年度间的对比，以便监控和掌握成本的变化情况，今年比去年省了多少钱，或者付出了多少，取得了多大的成绩，纳税人为此少支付了多少成本，一目了然，很有说服力。

赵国君：纳税成本很重要，站在纳税人的角度来说，应该越少越好，如何在交税中更简单，更便捷，有利于纳税人才是关键。现在，税务机关谈优化服务，搞各种便捷式服务的目的也是为了方便纳税人交税，当然，也是为降低纳税成本而努力。

茅于轼：现在的确是在谈为纳税人服务的问题，很好。希望不要没有头绪，不要从所谓政治观念出发，就从经济上为纳税人考虑最好，把纳税成本的观念建起来。

比如，让企业的会计去税务局开会、学习，要出钱打车，占用时间，明显是增大纳税人成本，不但不予以考虑，反而还要收什么辅导费，会上发一大堆资料，又收费，本来就劳民，现在又伤财！当然，现在要好多了，北京就好多了，外地是不是还这样？实际上就是征管的成本要纳税人承担了，加大了纳税人的负担。

政府消费知多少？

赵国君：不仅是税收公平，在终极的意义上还要实现税收正义。税收正义要求的不仅是良法、好的税制设计，还要有公平地执法，公正地对待，从具体的层面来说，是一种程序正义，如何征税？如何实现对税款的知情权和监督权都很重要。

茅于轼：谈到执法，我们不要野蛮执法。不得不说在某些地方还存在着这种野蛮执法的情况，报道里说，农村百姓交不上税，税务人员就牵牛牵羊，甚至逼民上吊，虽然是很极端的例子，但也要引起高度的重视，问题还是出在没有依法征税上，还是按计划征税，所以才出了好多问题。

赵国君：前提是只有确立财产权才能够谈税收的问题，如果在一个国家里公民的财产权是没有确定的，当然就存在着随时被征用、被侵害的风险了，在法之前，财产先定。

茅于轼：的确是这样的。财产权不能确定，财产就处在动荡和飘摇的状态。过去说关闭“五小”企业，一刀切，关闭了几千家，现在是关闭小煤矿，说关也就关了，还有土地征用的问题，征用了，补偿不到位，社会矛盾很大，陕北油田案，也是先予后取，政府收购，补偿不合理，闹了起来，这些都是比较大的问题了。说到征税，也是侵犯财产权，一定要有法律规定，要通过法律程序才能够进行，应该更慎重。

赵国君：实际上，前30年，我们没有财产观念，当然也就没有税的概念了。现在，有民法通则，也在讨论物权法，宪法里也规定了“公民的合法的私有财产不受侵犯”，财产权在不断确立之中，问题是，合法的财产受保护，那么非法的财产呢？政府征税是否考虑财产合法与否的问题？

茅于轼：这个问题很好，合法的私有财产不受侵犯，难道非法的国有财产就受保护吗？那样就太可怕了，你可以到我家随便拿什么东西走，然后说，这个东西国有了。国有了，无论合法非法，都要受保护，岂不是一种劫掠？

私有财产合法才保护，公有财产合不合法都要保护？这是什么道理？说远了，仔细思考，公有财产怎么来的？是不是都应该保护？

赵国君：确切地说，正义的本意是同等对待与机会均等，所以，平等对待、参与、公开透明、人格尊严等税收正当程序恰是税收执法和司法的基本准则。我们探讨税收正义特别需要在正当程序上下工夫，否则只见树木不见森林，并不能发现真正的问题，与解决问题无益。“自由的历史基本上是奉行程序保障的历史。”哈耶克甚至强调：追求社会正义，忽视程序正义的社会政策必定会导向极权主义，因为这需要国家不断强化对经济和社会的强制。

如今在税收增长与经济增长之间，税收收入增长非常迅猛，远远超过了经济增长，从聚集财力的角度是可喜的，可是，我们的疑惑是税收不是依附于经济发展吗？为何二者的差距这么大？作为一个经济学家怎么解读这一现象？

茅于轼：这个现象的确很有意思。税务部门说不清，只说是因为加强征管的原因，哪里有那么简单？

有时候，的确是税基和国内生产总值（GDP）不完全一致，有些剥离。但现在差别这么大，不是差一点，是差一倍啊。经济增长是百分之九点几，税收是十八点多，差不多一倍的样子，还有人做报告说是差不多一点五倍，反正是差很多，他说的比我们看到的要少，为什么呢？因为国内生产总值（GDP）做了修整了，落下来很多，不管落下来多少，都是个问题。

赵国君： 之前张曙光老师特别提醒我注意税收增长与城乡居民可支配收入下降之间的关系，您以为呢？

茅于轼： 有关系。GDP是生产的总的财富量，而GDP又分成了消费、储蓄和进出口三块，生产出来的财富消费掉了，或者储蓄起来，还有一部分出口了。但我们的分类是有问题的，宏观经济学也是这三类，但消费里有政府消费与居民消费之分，储蓄也是，有政府储蓄，居民储蓄，再加上出口。我们是没有政府消费这一块的，到底是多少？你看不到。所以，我曾经写文章说，之所以我们消费太低是因为政府消费太大，并且被遮蔽了。

100%的财富被生产出来，有60%被消费掉了，剩下的被储蓄起来，变成投资了。这60%的消费里头有多少是政府消费，多少是居民消费？现在是政府消费越来越大，每年显示的是60%，但政府消费是多少？不知道，其实只要看它的行政支出费用即可。

赵国君： 话说回来，政府消费支出不就是财政支出吗？大部分是税啊。

茅于轼： 对啊，行政费用每年都是增加的，远远超过经济增长比例。财政部的一个专家说，行政费用减不下来。我问他，为什么？第一，现在的办公设施越来越现代化，购买的办公用品都是最好的，这一笔开支非常大；第二，政府基建开支也很大，一个很直观的印象是政府的办公大楼越盖越豪华，越来越高档，快比得上五星级宾馆了；第三，办公费用居高不下，出差，开会加上旅游，还有出国，当然还有贪污浪费的情况，这是一个庞大的消费群体，并且毫无节约观念。为什么国务院提出建立节约型社会，不是有感而发吗？

赵国君：何止这些呢？还有一些特殊群体和组织依附在国家或政府的身上，同样由纳税人供养，谁来统计过？

茅于轼：那就更没法说了，税款的使用是有专门范围，但都在用，并且稀里糊涂地用，谁来监督？

赵国君：谈到监督，又是一个问题，不仅是民主政治，还应该有制衡的制度设计，官员不是民选的，不能受制于民，权力是独大的，老虎屁股摸不得，只靠道德自觉和良心发现，天知道什么时候能够吝惜、节约，仅有想法是不够的，应该有制度设计。

茅于轼：你说得很对，没有制约的权力是可怕的，不但要压制一切正常的讨论，也会使一切有益的建设归于无形。

没有谁不需要正义

赵国君：我们目的在于要使大家认识税，认清政府与纳税人的关系，在明白税的必要性的同时，更加珍惜自己的权利，自觉、自立、自尊，严守法治精神和公民的立场，也是呼唤一种崭新的税收文明。如果我们做到了，很欣喜，如果还没有达到，我们愿付出这样的努力！

茅于轼：你们的观念很好，但不要期望毕其功于一役。

赵国君：当然，凭着一本书改变时代，犹如凭着振臂一呼改变世风一样，是不切实际的，也是很危险的，会不会产生新的暴政，新的绝对观念，都值得警醒，但只要能够严守立场，坚持做下去，相信总有更多人明白税的重要性，明白自己纳税人的身份，有一种公民意识，这是我们希望看到的。很简单，没有谁不需要正义。税收正义就是我们追求的。

茅于轼：现在谈建立和谐社会，征税本来就是很不和谐的一件事，如果概念混乱、恣意执法，只会越搞越乱，因为征税矛盾会造成更大的不和谐，应该特别注意！

希望你们能够取得成绩，因为税的问题很重要，需要让大家正确认识。

赵国君：感谢您的支持和理解，我们会一直努力下去的。

人生中的经济学

（2012年2月　天津泰达当代艺术博物馆）

叫人文经济学更好一些

现在的经济学，越来越像科学。20世纪60年代，诺贝尔奖增加了经济学奖，其实，诺贝尔奖本来没有经济学奖，只有物理学奖、化学奖、生物学奖、医学奖、和平奖、文学奖，1968年，才开始颁诺贝尔经济学奖，到现在为止，有100多个人得奖，这些人绝大多数都是跟自然科学有密切关系的人。

半个多世纪以来，经济学基本上是朝科学的方向发展的。所以说，经济学家用了很多的数学，而且，有很多经济学家本来就是数学家。经济学越来越偏离最早研究经济学的英国人亚当·斯密的轨道，他写了两本书，《道德情操论》和《国富论》。

20世纪初，距离现在100年时，经济学有了很大的进展，靠的是数学理论，人们把微积分用到经济学里面。最近50来年，得诺贝尔经济学奖的人，他们的论文中用了很多的数学理论，我本人进入经济学，也是通过数学。

我的第一个经济学发现，叫“择优分配理论”，但是，中国的大问题，是从计划经济改变成市场经济。更多的问题是社会、人和人的关系，所以叫“人文经济学”。

通过经济学来认识人的性质、人和人的关系以及人生的目的，这个跟数理化的经济学不太一样。

企业家和慈善家，在社会上各有很重要的作用，社会上一般老百姓的看法，认为慈善家最伟大，因为他们牺牲自己帮助别人。反过来认为企业家没什么伟大的地方，企业家就是赚钱嘛，慈善家是把钱给别人，企业家是从别人那里赚钱。

一个企业家赚钱，是他提供的产品或者提供的服务，使别人得到了服务，而且别人得到的服务里，有超过他付出的部分，别人得到的服务超过了为此而付出的代价——额外的服务，在数理经济学里，叫消费者剩余。消费者剩余，不可能是负的，所有的交换，都有消费者剩余，但也有可能消费剩余等于零。

财富是怎么创造的？双赢。其实，这是经济学里一个最基本的道理。你首先要懂得什么是财富，讲它的性质，然后讲它的起因、创造，说到底，经济学就是这个目的。

经济学要解决的问题是社会的财富，解决怎么能够使大家富起来的问题。一定量的投入，更多的产出，这是经济学要解决的问题。所以，企业家在经济学的意义上讲，比慈善家更了不起。

我写过一篇文章《为富人说话，为穷人办事》，我认为企业家对社会有重大的贡献，因为其中是一个双赢的道理，双赢就是创造财富。一个社会可以没有慈善家，这样的社会并不好，但是更不能没有企业家。

人跟动物不同的地方在哪儿？人的力度、听觉、嗅觉、灵敏性、速度等，哪一样也赶不上动物。

人有一个社会，这个社会是分工的社会，你用自己擅长的，为社会提供服务，让大家都来享受到你的服务，人的聪明才智才能发挥作用，你在一个没有分工的社会里，人的生命意识都没有，聪明就没有用。

斯密研究经济学，他一开始就讲分工，因为他发现，分工是人类社会能够富裕、得到享受的一个根本原因。分工，就是人要干自己所愿意干的事，要“人尽其才”。

苏联有很详细的分工，但不是“人尽其才”。中国在改革开放以前，分工很细，也不是“人尽其才”，那是计划分配。

市场经济就做到了“人尽其才，物尽其用”，现代社会之所以有效，就是这个原因。人怎么尽其才，物怎么尽其用？道理也非常简单，

就是自由选择，所以，自由是现代经济学的最基本立足点，比如金融业，就是帮你把钱用好，但是，中国的金融业做不到，把钱用坏了。

利人利己就是保护人权

人和人的利害关系有四种组合：利人利己，损人利己，损己利人，损人损己。

市场经济是建立在人权保护的基础上，每个人都知道保护自己的权利，但是具体到能不能得到保护，这要看政府是建立在一个什么样的原则上，就是讲人权。

所谓人权，就是每个人的基本权利，不是自己保护自己，是政府保护自己，所以，人权问题就变成了政府问题。政府分为两种，一种是保护人权，一种是不保护人权。

有一些社会、政府，本身就是个庞大的黑社会，侵犯别人的各种权利，比如财产权、生命权。最好的制度是利人利己。

在人权保护的条件下，一定是个自由的市场，人和人有自由的关系。每个人不能侵犯别人的自由，这就是自由主义，所以，真正的自由主义是不侵犯任何一个人的自由。

近30年来，中国的自由不断扩大。人权的问题，是一个需要逐步完善的问题，人权没有最好，只有更好。

谈到损己利人，我们要说慈善家，他们是用自己的资源来帮助别人，这也是一种快乐，这种“损己利人”，其实是利人利己。

企业家为什么要给大家好的服务？因为老百姓愿意花钱买你的产品。一个社会，不管有什么样的产品、什么样的服务，都要有一个量，超过这个量，就糟了。

大概是1989年，我去山西，那个时候，煤炭的价钱非常低，山西省的领导就问，这个问题该怎么解决？我告诉他，少挖煤，为国家做贡献。他们迷惑不解，从来都是多挖煤多做贡献。因为挖的煤太多了，全行业都亏损，需求跟供给不匹配。匹配是要用价格来控制的。

苏联时代，我到苏联去过，有的东西过剩得不得了，有些东西就是买不到。现在朝鲜缺粮食，为什么生产不出来粮食？因为生产粮食要化肥的，生产化肥要电力，生产电力要煤炭，生产煤炭要挖掘机，挖掘机上缺了个螺丝钉，什么事都崴了。

通过价格保持供给和需求的平衡，就是市场。市场，就是一个自由的买卖，而且卖方要想办法多卖钱，买方要讨价还价，这个时候，形成了均衡价格，价格引导资源的流动。

我写过一篇文章，题目叫《价格万岁》，没有价格就是计划经济，计划经济下价格不起作用，只起记账的作用，不起资源配置的作用。

市场经济下，资源配置看价格，赚钱了就多做，赔钱了就不做，这解决了资源配置问题，也解决了资源的最佳利用问题。资源越来越少，就要有效地利用各种资源，搞市场，要用价格引导资源的最优配置。

谈到损人损己，就是用损害自己的办法让别人也倒霉，神经正常的人不会干这种事，让自己受损也让别人倒霉，那是恐怖分子。

欧盟要制裁伊朗，欧盟说，我不进口你的石油，制裁你，叫你的石油卖不掉。伊朗说，我的石油不卖给你，叫你缺油。这个就是典型的损人损己的办法。所以，我反对抵制日货，也是同样的道理——我们不能抵制贸易，不能把政治问题变成贸易问题，这是很危险的、很愚蠢的，而且没有效果。

前两年，国际粮食价格猛涨，我们应该出口粮食赚钱，但是，商务部不许一粒粮食出口。粮商们都等着粮食出口去赚钱，但是，不许你这么做，这就是用损害自己的办法损害别人。不只是我们，俄罗斯、乌克兰都这么干过，所以我说，政治家们不大懂经济，不懂得贸易的中断会打仗的。

市场经济建立在利人利己的基础上，WTO 就是保护全世界的自由贸易。保护自由贸易，不可以搞倾销。可惜，有些政治家，搞不明白为什么需要自由贸易。市场制度，应该是一个利人利己的制度，所以，在市场制度出现以前，人类社会的享受是按照权力的大小来分配的，通过权力得到享受，在市场制度出现以后，通过赚钱得到享受，不管是企业家，还是打工者。

市场经济是没有剥削的，中国的 GDP 是什么？是全国人民一年创造的财富总量。财富总量有两种计算方法，一种算法是算每个人的所得，个人所得就是财富的创造，这个太重要了，创造多少，就拿回多少，所以，不可能创造了财富没拿回来，也不可能把别人创造的拿过来，没有剥削也没有被剥削，在市场制度下，不存在剥削关系。

一个人在企业里打工，企业可能赚钱了，也可能赔钱了，企业赚了钱，归企业老板，因为企业的老板有最终索取权，企业卖掉产品得到收入，用来开销各种支出，剩余的归老板，这是老板创造的。所以，国有企业要监督的，因为剩下的不是他自己的。

人类社会本来是一个剥削制度，享受按权力分配，有了市场以后，享受按你的贡献分配，这两个制度有巨大的区别。靠权力得到享受，是个争权的历史。儒教思想、基督教思想、伊斯兰教思想都有这种想法：不要妨碍别人的自由，彼此要尊重，要温良恭俭让。那种靠剥削、靠权力得到享受变成靠给别人服务得到享受，而且赚钱、享受，彼此不但没有妨碍，而且会彼此促进，和皇帝得到享受完全不一样，皇帝享受越多，老百姓越倒霉。现在，企业家享受得越多，工人享受得越多，整个历史就变了，从彼此斗争，彼此损人利己变成利人利己，社会就会发展得很快。

市场经济改变国家之间的关系

人类社会从有了市场经济到现在，也就 200 年的时间，马尔萨斯的理论已经打破了，因为市场在起作用。人口从 10 亿增加到 70 亿，平均寿命从 26 岁增加到 68 岁，这么大的变化力量，就是市场的作用。

以前，国家之间靠战争获得资源，现在，国家之间靠贸易获得资源，最典型的就是日本侵华，日本打中国就是要中国的资源。日本是一个很小的、没有任何资源的国家，但是，它有发展的权益，到现在，日本仍有一半的粮食靠进口。

日本战败之后，还是没有资源，煤、铁，什么都没有，是贸易解决了日本的问题。现在，中国也走这条路，中国资源也是不够的，木材、石油都要进口，将来粮食也要进口。所以，市场经济改变了国家之间的关系。我说过，由于全球经济一体化，争夺资源的战争永远不会发生了，谁也不会愚蠢地用死人来获得资源。

市场经济改变国家之间的关系，也有前提，那些政治家们都不是糊涂蛋。有些糊涂的政治家，就是用损害自己的办法损害别人，比如伊朗。所以，对市场的安排，要讲人文科学，很多事情都可以改变，市场经济是不会改变的，因为这个安排太合理了。

市场的本身也有一些小毛病

市场也是有毛病的，首先，它破坏环境，这是很危险的一件事；其次，市场分配不平均，有些人很有钱，有些人比较穷。市场中还有金融危机的问题，这都是市场本身造成的，这些方面，我们有改善的余地，但是，只是一种改善，基本规则是不可以破坏的，它是靠利人利己的发展。

市场有环境的问题、收入分配的问题、金融危机的问题，当然，还有其他一些问题。但是，市场解决了财富生产问题。市场可以让大家很富裕，但是，不能解决让人快乐的问题，而我们最终追求的就是快乐。钱多钱少在其次，生活得快快乐乐，是最要紧的。这个问题需要更多的知识来探讨。

现在，中国人比过去富了十倍，但是，快乐跟财富不成正比。如果你不认识人生，钱再多也白搭，这就超乎经济学了，就要讲人文科学，哲学、文学、心理学等，所以，我们在这方面还需要努力。

在市场的条件下，有钱就能买到东西，这一点非常奇怪，口袋里有钱，买什么都可以，奇怪的是买的东西都是别人生产出来的，买或者不买，别人怎么会知道？不买就不要生产嘛。这个问题复杂得难以解决。计划经济就想解决这个问题，想不通过市场、不通过价格，把生产的供给跟消费的需要匹配起来，这太难了。比如，我有十块钱，可以买一块面包、两双袜子。面包厂，袜子厂，离我很远，他们怎么知道我现在买了什么，就算知道我买面包了，他们赶紧把面包生产出来。面包需要原料，比如面粉、鸡蛋、白糖、牛奶，那么，他们还要告诉生产鸡蛋、白糖、牛奶的厂家，这个复杂得没办法解决。但是，市场经济解决了这个最复杂的问题，就是市场规则，供不应求就涨价，供过于求就降价，解决了所有的问题。原料，原料的原料，原料的原料的原料，统统都解决了，挖煤的机器上缺螺丝钉，马上涨价，涨价就有人生产。所以，拿钱买到东西的原因，是有市场。

有些人认为，能买到粮食不是因为市场，而是保护了耕地，有了土地才能生产粮食。18 亿亩耕地解决不了粮食问题。三年灾荒的时候，死了很多人，当时不缺耕地，而且比现在的耕地多，人口也比现在少，饿死人的原因，就是因为没有市场。

所以，我们要保护市场。别人赚钱，你在干什么？没有人说不稀罕钱，如果有人这么说，他脑子坏了、犯规了，稀罕钱才是对的。企业就要赚钱，企业不赚钱对社会是有害的。现在，绝大部分人说，要保护耕地，粮食安全非常重要，有更多的耕地对粮食安全有好处。我很赞成这些话，但是，付出的代价呢？这块地本来是该开发的，现在为了保护耕地，不开发了。现在，为什么房价这么高？建材不贵，劳动力不贵，就是土地贵！为什么土地贵？因为我们要保证粮食安全供应。任何一个安全都是有成本的，耕地要保护，土地成本就高。国务院设保护价，目的就是为了防止耕地减少。

作为人文学科的经济学，远远没有被政府所懂得。发财的很少是经济学家，老实讲，经济学家大都不是有钱人，但也有几个比较有钱，凯恩斯是经济学家，比较有钱。但是，现在得诺贝尔经济学奖的经济学家，没有一个是大财主。经济学研究人文科学，现在越来越科学化，越来越变成自然科学，而赚钱是另外一些本事——管好企业、搞营销、研发产品，不是经济学要研究的，经济学研究的是我今天讲的这些。我觉得，政府官员都要懂得经济学，你可能不是学经济的，但你做了政府官员，就必须懂得经济学。处理企业的事，可以不懂经济学，但是处理社会的事，就必须懂经济学。

利人利己一定有财富的创造，双赢一定有财富的创造，这是逻辑，用不着具体的推导。中国社会从过去的计划经济到现在的市场经济，人均财富增长了10倍，人口增加了40%，从9亿多变成现在的13亿，经济总量增加了15倍，所以，现在一个月挣的钱相当于那时候十个月挣的钱。

现在，我们的财富增加了，简单地讲，就是推行了市场经济。为什么市场经济能够增加财富呢？按照过去的劳动价值论，财富增加就得多劳动，但是不对。我们多劳动，上山下乡，战天斗地，不怕苦不怕累，照样穷。改革30年，我们没有多劳动，现在，劳动减少了，财富增加了十几倍，原因就是通过交换使得“人尽其才，物尽其用”。

人尽其才，物尽其用

现代社会的财富创造，就是靠“人尽其才，物尽其用”，不是靠多生产劳动。当然，也需要劳动，“物尽其用”，“物”是从劳动中来，小麦是劳动创造的，小麦变成面包，这是“物尽其用”。每一步中，可能有劳动，也可能没有劳动，但是一定要走“物尽其用”这条路。

有时候，没有“物”的变化，财富却增加了，比如广东出香蕉，北方出苹果，广东的香蕉运到北方来，北方的苹果运到南方去，同样的香蕉，在广东被吃掉和在北方被吃掉，价值不一样。因此，同样一斤香蕉，因为广东人吃腻了，北方人吃不到，而提高了价值，苹果也能“物尽其用”，香蕉也能“物尽其用”，而且，大家都赚钱了。

过去，我们不懂得交换创造财富，认为必须劳动创造财富，一个香蕉一个苹果交换以后，还是一个香蕉一个苹果，怎么会有财富增加？不懂得财富包含在“物”里，不管运到哪里去，还是一样多，这是劳动价值论。

“交换价值论”不是这样，现代社会主要靠“物尽其用”“人尽其才”，不是靠多生产劳动。美国比中国富十倍都不止，但是它的“物”，不管电、粮食还是资源，并没有比我们多十倍，而且差得很远了，中国的钢产量抵得上好几个美国的产量，中国的电能也超过美国。虽然中国有 13 亿人，美国才 3 亿人，中国的物质生产很多都超过了美国，但是财富差得远，原因就是不能物尽其用。

现在，中国整体上不错，但是和日本、美国比，还差得远，日本的人均财富比中国高十倍，因为我们有很多障碍，有很多财富生产的机会不能实现。

“物尽其用”其中包括“钱尽其用”，这一条非常地重要，对于企业家来说，决定投资项目的时候，如果决策错了，钱就没有尽其用。或者，一个很好的机会，能赚很多的钱，但是，可能由于各种原因，特别是政府的管制，不能正常地沟通，最终没有实现。所以，“钱尽其用”就是金融业，金融业的任务就是一句话：钱尽其用。不管银行、股票、证券、保险、信托，就一句话——把社会的钱用到最好。

回答十五个提问

（编者注：2010年2月，香港独立制片人杨伟东先生在大陆做了一个访谈行为，访谈了包括笔者在内的学者45人，就相同的问题独立发表见解。该访谈已经于香港出版，本次是茅于轼先生授权使用的版本，题目为编者所加。）

我们小的时候所受的教育，在今天有很多的东西都已经变形了，已经跟过去的教育相悖了，这是我们提出这种问题的动机，看到这个采访提纲以后您是怎么看待我们这个采访的。

茅：这个提纲一共是15个题目，涉及的面非常地广，可以自由发挥的空间挺大的，我想你们采访的人这么多，各人的专业背景都不一样，可能要有一个广泛的提纲来包含这些内容，我就根据我所能回答的问题谈谈我的一些看法吧。

首先我们感谢您能接受我们的采访，因为我们向社会上这些专家学者提出了采访的邀请，同时也有专家学者对我们采访提出了很多质疑，比如他们觉得我的问题大而空，或者我们现在已经不关注这些问题了，已经不在我们的思考范围之内了，有很多学者都在提，有的学者给我提出建议，说你能不能提一些具体的问题，包括一些有针对性的问题，我觉得我提出的问题，作为我们人来讲是最基本的，有两种可能性，如果说我们这个社会目前这些问题已经解决了，那我们现在提出这些问题是没有任何意义的。如果我们这个社会没有解决这些问题，而又已经到了解决这些问题的时候，那他们探讨争论一些具体的问题的基础不是这些问题又是什么呢？

茅：你们这个大题目叫“需要”是吧，需要就是缺什么呗，缺什么需要什么，所以这个正好针对当前所缺的东西，如果你做个国际比较，你会发现每个国家的情况很不一样，各个国家缺的东西都不一样，大不相同。最后我觉得这个题目能够反映当前这个社会的特点，它的长处短处，也能看出今后我们的机会、危机在哪些地方。我觉得这些题目是很不错的。

在这些人当中，陈丹青先生给我回信，谈了他对我这个行为的一种质疑：

第一，你提出的问题，在60年以前就提出过了，现在提出这些问题有现实意义吗？再者说也已经不新鲜了。

第二，你采访的这么多人当中，有多少人能说实话？

第三，有些问题，你能谈吗？

我跟陈先生谈了几点。第一，从我们的学习过程和后来的成长过程当中，我们对60年以前发生了什么，是不知道的。这个不是我们的问题，是历史书写的问题。第二，在没有历史参考的前提下，今天提出这些问题，有没有合理性？为什么60年后又会提出这些问题？第三，关于接受采访者，有多少人能说实话？我觉得，我们是没有资格去评判到底谁说了实话的。同意接受采访就是一种态度。

茅：我觉得要使这个采访有价值，必须是非常自由的，没有任何障碍的一个采访，如果事先有什么限制的话，那你反映出的是一个歪曲的面貌，就变得毫无价值了，而且我本人不喜欢说假话，温家宝总理反复叫大家说真话，既然如此我们就说真话嘛，当然现在环境所限，有些报上是不会登的，但是温家宝总理说了要说真话，我们就去创造这个环境，这个是需要的，言论自由不是恩赐的，是争取出来的，每个人都得明白这一点，这个问题自然就解决了，每个人都不懂得这一点就永远解决不了这个问题。

您是怎么理解劳动的？

茅：这是我们经济学家所需要回答的问题，可能95%以上的人认为劳动是创造价值的，我觉得这个论断是错误的，为什么错误呢？比如土地不是劳动创造的，但是有价值。再看改革开放以前，1949 年到 1978

年，我们劳动得很多，非常地穷，改革开放以后的30年我们劳动得少了，但我们富有了，这就是一个事实，所以我们不要再被劳动创造价值所误导。在前30年每当经济有困难的时候，就把大家赶到农村去劳动去，创造财富去，是大错特错的，你到农村能创造什么财富？是交换创造财富，当然劳动还是要的，是非常必要的，但是财富的增加不是靠劳动是靠交换，什么意思呢？劳动能把一个东西创造出来，能种出小麦，能把煤挖出来，这是可以的，但是有一个问题叫物尽其用，物怎么能尽其用，是通过交换，它的价值越来越高。所以改革开放以后为什么这么富，全国人民都经商嘛，所以就富起来了，这个理论现在还并没有完全搞清楚，但是事实已经证明了，中国巨大的财富增长不是靠劳动，我们现在比过去劳动得少了，过去我们一个礼拜干六天，要不怕苦不怕累，要战天斗地，要下乡，我们都有两只手不在城里吃闲饭我们到农村创造价值，那全错了，就应该在城里，农民还进城里来呢，来干吗，当然也有劳动的，但是劳动又通过交换变成了价值，所以我觉得你的问题很好，巨大的财富创造比如说金融，赚很多的钱，那个钱不是剥削来的，是创造出来的。按照传统的看法，那里面没有什么劳动，金融业是没有劳动的，只有挖煤、开机床、种地是劳动，那是很错误的一个理论。

近十几年一直在强调GDP，但是从一个百姓的角度来讲，我们感觉，GDP跟我们是没有任何关系的，但是我们一定要追求GDP吗，追求了我们每年一定要达到8%、9%，甚至10%，这样才能显示出我们是盛世了吗？

茅：GDP 是什么呢，就是全国人民一年所创造的财富的总量，这个数字怎么得出来的呢？就是每个人赚的钱加总得出来的，每个人赚的钱就是他创造的财富，就是 GDP 的一部分，所以看起来是一个很大的很笼统的很虚的数，实际上却是一个一个数加出来，比如说我理发是20 块钱，这就是 GDP，我买个烤白薯 3 块钱，那也是 GDP，GDP 是这么搞出来的，所以你问每个人赚的钱重要不重要，当然重要，没钱赚就很穷，现在大家有钱买房买车，吃得好，然后出国去玩，就是因为钱多了嘛，有这么多的高楼大厦、飞机都是钱，所以 GDP 非常重要，这一点是不容置疑的，我们中国在全世界受尊重，就是 GDP 增长非常快，但是它的弊端是我们只追求钱了，别的都放弃了，这就是大毛病，环境也破坏了，道德也破坏了。把钱看成是人生唯一的追求目标，而且不能卖钱的东西也在卖钱，评奖也可以花钱，连踢足球的胜负都可以赚钱，这个社会就搞糟了，就把 GDP 用得歪曲了。我们追求的是物质和精神均衡的社会，两种享受，物质享受和精神享受，现在我们只有物质享受了，这就是非常危险的一个事，也是持久不了的。

现在的物质生活的提高您觉得是我们的政策造成的，还是人类社会进步发展的产物呢？

茅：主要是政策，我们改革开放后生活这么好，财富增加这么快，主要是政策改变的。在改革以前，应该讲政府也希望大家过好日子，目标是一样的，希望大家过好日子，我们要有一个富强的国家，但是改革以前从理论到实践都错了，搞阶级斗争，斗争只能越搞越穷，斗争怎么能创造财富？现在我们放弃斗争了，搞了市场化让老百姓做买卖，做生意赚钱，这一条是做对了。所以在我看来，成功的主要原因是一个政策和制度改变了我们，如果坚持原来的劳动创造价值理论，那就没个好，好在现在理论归理论，全国人民千军万马奔向市场去赚钱，是成功了。

您能给我们谈谈“为人民服务”的含义吗？

茅：这个话说得很对，在过去计划经济是牺牲自己为国家服务，现在区别在哪呢？区别是我不需要牺牲自己，我不是为国家服务我是为别的人服务，国家是个虚的，人是真实的。我去理发，我花了钱得到了理发的服务，财富就创造出来了。这跟过去不一样，过去是首先要求我牺牲为别人服务，而且一个牺牲一个得利的话，加起来不一定是正的，也可能是负的，现在我不牺牲你还得到好处了，肯定是有正的收获，这就是财富的创造。所以为人民服务是不错的，但是你怎么服务法是，是双赢还是一赢一输，现在市场的特点就是双赢，就是人人为我，我为人人，不光是我为别人，别人也为我，而且我在为别人服务的时候，我自己没有受到伤害，我很愿意为人家服务因为我能赚到钱，我理一个发赚20块钱我很愿意干这个事，那么双方都得到好处了，这就是现在为人民服务跟过去为人民服务不同的地方。

我在2009年第五版《现代汉语词典》里查到对人性的解释，人性是人所具有的正常情感和理性，这是它对人性的定义。您能给我们讲讲您对人性是怎么理解的吗？

茅：最基本的人性就是动物的性，“食色，性也”这是最基本的人性，这种人性跟动物没有什么区别，人之所以称为人，他不光是有食色的要求，他有更复杂的关系上的一种规则，所以人跟动物的不同就是人懂得道德，人懂得同情心，人有理性的思维，懂得某一种行为他的后果会是怎么样。人还有好奇心，懂得追求知识。从人性来讲古代的人性跟现代的人性，基本的东西是没有变的，但是具体的表现非常地不同。在古代，为了一个社会的稳定发展需要有一个权威组织出来维持这个秩序，于是这样一种想法就产生了，即社会上的人跟人的等级的不同，中国外国都是这样，有的人是管别人的，有的人是被人管的，就是君子和小人，但是这样的一种人性的培养，社会得不到安定，因为谁都想变成人上人，有了区别有了高低这个社会就稳定不了。所以到了中世纪以后就出现了人权的观念，人权的基本点就是人跟人的基本平等，或者说没有特权，在此以前这个社会是由特权构成的，皇帝老子头一个，上边一品官、二品官……九品芝麻官都有特权，老百姓连人权也没有，现在不一样了，总统跟老百姓一样，都是普通的成员，只是职务上的不同，现在让你管一个国家，哪天你下台，你还是一个普通百姓。当然当总统的时候你有很多特权，但是这个特权不是因为你是某某人才有的，而是因为你的职务才有的，这个职务是可以换人的，所以人跟人的关系，人性很重要的一个部分，就是平等，由于有平等就必然有自由，因为不自由的原因是不平等，别人的自由比你的自由大，你就没自由了。如果人跟人平等，你有多少自由，跟我一样，这个自由跟平等是相联系的，这变成了现代人性的一部分，我相信这个趋势是所谓的“普适价值”，他并不是因为有西方的经验，实际上是理论推导的结果，这个理论就是说：不平的社会安定不了，只有一个办法，使人跟人平等的社会才能稳定。现在出现了民主政治，使得人跟人在平等没有特权的条件下，社会还是有权威，还能够管理，这是一个非常复杂组织的过程，但是现在在发达国家把这个问题解决了，但是发展中国家还要走一段路包括我们中国。

您对善良是怎么理解的？

茅：善良的出发点是同情心，它比平等又多了一点，人与人可以很平等但是有时会缺乏同情心，所以在平等上再加一点东西，加一点对别人的同情，愿意在别人有困难的时候，牺牲自己一点利益帮助别人，这就是善良，不但不损害别人，帮助别人又多了一点，那就是有同情心，表现为一种善良。

我在2009年第五版《现代汉语词典》里查到对历史的解释，历史是自然界和人类世界的发展过程，这是对历史的定义，您能给我们讲讲历史的作用吗？

茅：我觉得历史可以告诉我们很多知识，年纪老的人比年纪轻的人看到的问题多，但是你再老也不过活个100岁吧，可人类历史有多少万年。我们可以设想一个人如果活了几万年，过去这些事都装在脑子里头，那么他会推导出许多我们短时间看不到的一些东西，但是我们只能从书里，从过去的记载里面来了解历史，没有可能用自己的体会来了解历史，从书、从过去的记载来了解跟个人的体会是非常不同的。就拿现在来讲，80后的这些人，二十几岁三十来岁的人，他们对“文革”的事不大能理解，所以他们会犯很多错误，像我们年纪大的人不大会再犯类似的错误。如果说到那个源点，人类历史犯过好多的错误，这些错误怎么避免呢？那就是要了解历史，尽管如此我觉得还是不能完全懂得历史的规律，因为人只能从字面上从记载上来了解，而不能够从亲身的体会中来了解，这就是我对历史的解释吧。

有这么一句话，反思是智慧的开始，您觉得忏悔跟反思有什么区别吗？

茅：谁都可以反思，而且有一个客观的记录，我们都是要反思的，忏悔是对本人错误的一种悔过，我本人不能代替别人忏悔，我只能自己忏悔，这两者还不完全一样，都是对过去的回顾但是一个是客观的一个是主观的，不太一样。

您有过忏悔的经历吗？

茅：我有过，我犯过好多错误，我现在挺后悔的，但是我该道歉的人我也不知道这些人在什么地方，我能怎么做呢？以后不要犯这样的错误！

在当下我们应该用怎样的视角和立场回顾历史和审视历史呢？

茅：其实现在条件比过去好多了，因为现在这个社会比较开放，虽然偶有假话，但你不难听到真话，信息非常发达，不但有内部交流，还有国家间的交流，所以假象是很难隐瞒的，通过信息的沟通，比较容易得到真相。

我还是在2009年第五版《现代汉语词典》里查到对道德的解释，道德是人们共同生活一切行为的准则和规范。您能给我们讲讲道德在人类社会生活中的标准和作用吗？

茅：是一个行为规范，这个我觉得没有谈到道德最本质的东西，比如毫不利己专门利人，这也是一种行为规范，一般人认为是符合道德的，我认为并不符合道德，因为它逻辑上是错误的，并不是它违背了我们的理想，而是讲不通。道德实际的东西是什么呢？我认为是一种无形的社会契约，有一种契约是约定的，我跟你签了字这叫契约，道德是一种没有签字的契约，就是我为这个社会承担什么义务，这个社会会给我什么回报。道德就是我要尊重每个人，别人要有这样的道德，他会尊重我，所以这样一个社会，每个人尊重别人，别人也尊重你，这个社会是一个和谐的社会，这也可以说是行为规范，但是它更具体地说明了这个规范怎么规范法？说明我不用服从你你也不服从我，说明它是一个没有形式的一种契约，是个人对社会的一种承诺，翻过来这个社会也会对你承诺你的利益，你不会被伤害，你在困难的时候会有人帮助你，他的本质应该是这样一个东西。

您能谈谈您对“知识分子”这四个字的理解吗？

茅：一般讲有知识的都叫知识分子，但是在习惯上所谓“知识分子”它的含义比这个更多一些，就是它是个社会的特殊群体，世界上每个念过书的人都是有知识的人，但是他未必能够被称为我们的知识分子，所谓的知识分子是社会上那个特殊群体，这个群体的特点就是他们有专业知识，而且用知识来关心超出他利益本身的社会现象，他不是看我的利益，他看到的是社会的利益，但这个角度是从他的专业知识来看的，这样的人我认为是知识分子。

我在采访一个音乐家的时候，他说在中国有很多知识分子是不道德的，你不要跟我谈知识分子，甚至你现在管我叫老师我都不爱听？

茅：是的，我刚才讲了，比如说官僚，官僚也有刚才我说的这种人，用自己的专业关心社会，不是他的利益的问题他也关心，但是也有一些官僚就恰好相反，他是用他的知识来为了自己的利益服务，甚至于损害别人，所以官僚和知识分子还是不一样的，你画两个圈，分别是官僚圈和知识分子圈，其中有一部分是重合的，那就是官僚中关心社会进步的一些人。

在过去人与人之间交往的衡量标准，就是这人很仗义，这人很义气，但文人更多地注重气节，您认为当下的知识分子应该具备“气节”这两个字吗？

茅：我想所谓气节就是一种原则，为人处世的一种原则，我觉得不管文人也好，普通人也好，最基本的一个原则就是平等待人，文人有文化，那么他在平等待人中间可能想得更远，普通人看不到的问题他也能看得到，更深刻，但是如果从气节来讲，最本质的东西我认为还是平等待人。

我还是在2009年第五版《现代汉语词典》里查到对“文化”的解释，文化是人类在社会历史发展过程中所创造的物质财富和精神财富的总和，因为现在世界上对文化的定义有好几百种了，我想听听您对我们当下的文化重建是怎么看的？

茅：我觉得如果我们比较两个国家的文化，说它们创造的物质和精神财富不同，我想这也讲得过去，但是文化不仅仅是财富，还包含了一些规则，人的信仰，这个可能是超出财富的部分，而且这一部分在文化中间应该占很重要的作用。比如说宗教在老百姓生活中的地位，每个国家不一样，像中国的宗教是很弱的，有些国家非常强，这应该是文化的一部分，但是它跟财富关系不太大，所以文化应该包括财富之外的信仰这些东西。

小时候我们经历了对儒家思想的批判，包括“打倒孔老二”，“批林批孔”，我们当时年纪很小，不知道这是为什么，但是我们长大之后就感觉到“打倒孔老二”，“批林批孔”，背后有很强烈的意识形态的因素在里面，但是今天儒家思想又热了，国学也热了，您能谈谈您的看法吗？

茅：儒家思想是中国产生的，而且成为文化的一个重要组成部分，它在中国能够绵延几千年没有中断我觉得是有一个很重要的原因的，中华民族跟儒家文化是密切相关的，那么我们现在面临着许多社会问题，有人提出是不是因为儒家文化缺失，要恢复儒家文化，我认为是这样的，儒家文化很好地解决了人与人的关系，但是它没有解决人和政府的关系，讲人要爱别人，要“己所不欲勿施于人”，要讲仁爱，这都是儒家的精神，但这些都是人跟人的关系，但是个人和政府的关系，它解决得很不好，它提出的办法就是服从，君子小人的关系，用这样一种关系维系社会稳定，但是牺牲了一部分人的利益，最后又稳定不了，所以现在社会的精神除了儒家文化之外还要加一点东西，这个东西就是人跟人的平等，以及由此而带来的自由，我刚才讲了平等和自由是相关的，儒家文化中间不能说没有平等和自由，它也是有的，但是它没有得到发扬，得到发扬的是仁爱，而平等自由的思想，它也很难发扬起来，因为在没有民主政治的条件下，讲平等自由是很难，大家都一样谁管谁啊，谁也管不了谁，那这个社会不就乱套了，有强盗，有小偷，谁来管他？儒家的办法是当官的管老百姓，这个问题算是暂时解决了。但是当官的人会压迫别人，现在我们有了民主制度，把最困难的问题解决了，人和人平等的社会是可以治理的。

您对世界是怎么理解的？

茅：有几点看法，一个是我们过去对世界的看法跟现在做比较是很不一样的，因为现在科技和商贸发达，可以利用世界上任何一个资源，同时还有国际经济的一体化，我们对世界的看法有了很大的不同，但不是遥不可及。我们可以消费任何一个国家的产品，这是一个看法，由于有了国际贸易，我经常说消灭了争夺资源的战争，因为资源可以在市场上购买，不需用死人的办法去争夺，这就是对世界的一个看法。第二个看法就是世界和平的问题，我觉得这是一个重大的缺失，这非常糟糕，是对世界和平极大的威胁，我觉得现在的联合国变了一个救火队了，一点长远打算都没有，联合国的裁军小组现在不干活，你看看哪个地方讲裁军？没有。放火，才派救火部队去。

我还是在2009年第五版《现代汉语词典》里查到对“世界”的解释，它说世界是自然界和人类社会一切事物的总和，它称之为世界。就是说我查到这个词的解释的时候，我想起了2008年有一句广告词——“同一个世界同一个梦想”。

在这个地球上不同的国家、不同的民族、不同的肤色、不同的历史和价值观，不可能是不同的人在不同的床上做同一个梦。您认为我的理解对吗？

茅：我觉得这个定义中，“总和”是搞不明白的一句含糊话，总和就是什么都包含在里头了。你说的同一个世界，不同的国家这是对的。但是既然世界也“总和”了社会，各国的社会是很不同的。各国的“世界”就会有所不同。那么同一个世界这句话也有问题，相对而言是不是有可能是不同一个世界呢？同一个梦想，可能是对的，大家都希望安居乐业。但是各国离这个梦想的距离非常不同，不能实现这个梦想的原因也非常不同，他们各自追求的东西也非常不同。

您是怎么理解科学的？

茅：科学是对自然界的规律的掌握，我想这可能是讲的自然科学，社会科学也是对人类社会规律的掌握。现在社会科学已经进步到有规律可循。我写过一篇文章，题目叫“社会科学中的牛顿定理”，讨论了在社会科学中有哪些东西可称之为规律的。

在我们小时候老师对我们说追求科学的过程也是在追求真理，您觉得这句话在当下依然有效吗？

茅：追求科学就是追求真理，这个我觉得差不多。

我采访过一个运动医学家，通过我们的采访了解到在20世纪70年代末，80年代、90年代，他的那种职业道德、职业精神、包括他自己认定的科学的原则，促使他坚决反对并且抵制使用兴奋剂，就是这种行为导致了当时有些体育机构对他的打压，我们采访他的时候，他还依然坚持着这种她认为的这种科学的原则……

茅：反兴奋剂我觉得正确，但我不是专家，我的判断是第一对运动员本身有害，第二你这个成绩是兴奋剂造成的还是自己的能力造成的，那有点欺骗性了，变成丑闻了，这个好像在全世界没有不同的看法，都是反对兴奋剂的，那么为什么有人赞成兴奋剂呢？那就是从前有一些国家，特别是东德，后来揭发出来，东德的很多世界纪录都是靠兴奋剂得到的，他们不顾运动员的死活，拿运动员当个工具，为了国家争光，这是非常错误的做法。不过我想说，为真理而斗争当然是对的，但也要注意方法和立场，要尽量启动每个人良心中固有的东西去接近真理。

您认为科学、自由、民主、人权是衡量现代文明的标准吗？

茅：我想差不多。

您能给我们谈谈信仰跟理想的区别吗？

茅：我觉得有点区别，信仰是没有所以然的，我相信就相信了，或者是没有理由的。理想应该是有一个理由的，它是符合逻辑的。信仰不需要逻辑，我相信上帝造了世界，它有逻辑没逻辑我不管那个，所以信仰和理想有的时候会碰撞，理想是有一个“理”字在里头，有一个逻辑，有一种结构，形成的一种观念，信仰没有这个东西。

能谈谈您的信仰吗?

茅：我没有信仰，我只有理性思维。

如何建构起我们的精神家园呢?

茅：精神家园是指的什么意思?这种说法，家园是一个住的地方，精神家园是不是指的一种理想的信仰，这个问题我没怎么想过。

您是怎样理解价值观的?

茅：价值观就是你所追求的东西，认为有价值的东西。

您是怎么理解秩序的?

茅：秩序就是不会引起冲突，冲突就是没有秩序，所以秩序有各种维持的方法，但它的目的是避免冲突，但是有的秩序它只能一时避免冲突，不能够长久地避免冲突。

您认为法律是我们人类社会秩序的体现吗?

茅：法律未必是一个好东西，比如有很多恶法。法律的基础是什么，法律往往是权威者制定出来的东西。法律必须符合法理，法理才是最根本的东西，这个东西涉及很多争论，法理学是有争论的。所以我觉得法律是一个不得不要的东西，它也不断会有争论，会有演化，会有发展，但是在某一个阶段，它还是我们所需要的吧，能比较好的解决人跟人的关系，但是也谈不上理想。

前段时间我采访一个艺术家的时候，就在我们采访他的过程中，他的车被扣了，我觉得这件事很有意思。我们就一直在跟踪采访他，后来了解到他的车是在 4S 店贷款买的，但是他在三年中还清了贷款，然后在索要风险保证金的时候，这个担保公司不想退他这笔钱，找了一个理由把他的车给扣了，后来两家就发生争执了，这个公司的人就把这个艺术家给打了，这个艺术家就报警了，警察来了以后说你这是经济纠纷，我们管不了这个事情，这个艺术家也挺无奈就把这家公司给告上了法庭，开庭的时候我去了。在我的理解当中法律保护原告和被告双方的最基本的权益，但是从判决下来以后我觉得法律的执行者忽略了这个艺术家最基本的权利，这个艺术家不服就上诉了，二审开庭的时候我又去旁听了，其间把原告和被告都叫到一起有一个谈话，在谈话结束的时候我跟法官有一个沟通，我说如果这是一起纠纷的话，首先要看这个纠纷的数额跟车的数额，是等值的，我说如果是等值的我能理解这个公司扣车的行为，如果纠纷是一万，车是五十万你去扣这个车我觉得是有问题的，我说法律的基础是伦理和道德。这个法官马上就打断我，他说在法律当中只承认事实，没有道德，您认为他的话有合理性吗？

茅：这就是我刚才讲的有争论的，法律跟道德经常应该一致的，但是有不一致的时候，我不太懂法律，我觉得像这些问题还谈不上法律和道德的冲突，而是这个法官是不是用良心来判案，一个法官如果有普通人的良心的话，他就不会做出很出格的事，为什么美国有陪审团呢？陪审团不是法官而是普通老百姓，你来看看这个案子该怎么说，不需要法律知识，陪审团是非常权威的，你看X那个案子陪审团说他无罪就无罪了，他符合老百姓的一般的常识，中国不是法律和道德在冲突，而是看这个法官有没有良心。

最后终审这个艺术家赢了，车是费了很大的劲要回来，钱到现在还没要回来了，我把这件事情讲给了叶匡政先生，他就谈到在西方的民主国家都有一个违宪审查制度，包括亚洲的一些民主国家，日本、韩国都有宪法法院，您觉得我们有必要有这个违宪审查制度吗？

茅：太必要了，宪法就是防止政府侵犯老百姓的，现在政府侵犯老百姓是很常见的事，非常需要宪法法院。

我们的生活会好吗?

——当下社会问题的思考

问：提问人

茅：茅于轼

问：当今世界面临着许多危机，比如贫富差距、资源危机、环境恶化、信用崩溃等。2009年金融危机的影响持续至今，有些学者认为这是消费主义席卷全球带来的恶果。中国的经济走向繁荣，为什么人文、道德却出现了倒退?

茅：市场经济体制改变了近200多年的世界历史。市场经济的推动力，就是人人对物质享受的追求。市场经济体制建立在尊重人权的基础上，由此带来了商品大生产，经济大繁荣。但若过于强调人的欲望，就会造成拜金主义，这一风气盛行，会使社会物欲横流、人情冷漠、尔虞我诈，也必然导致道德沦丧、信仰缺失。

问：梁漱溟先生曾将资本主义概括为“个人本位，自我中心”八个字。西方资本主义国家，包括美国的一些有识之士也在反思，美国也出现了“占领华尔街”等抗议活动，为什么会出现反资本主义的思潮、运动？

茅：市场化的结果是贫富差距扩大，而公平和效率在市场经济社会中难以兼得。美国几十年来所有的经济增长，以及其他好处，大多流向了金字塔顶端的人群。华尔街运动的实质是反对贫富差距，社会不公正。抗议者中绝大多数是美国社会的弱势群体，他们认为，是华尔街导致 2008 年金融危机和目前经济困境，少数富人掌握着社会绝大多数的财富，却没有承担相应的责任，于是就走上街头抗议示威。但是金融业的财富集中现象还找不出替代的办法，所以占领华尔街活动不见得会改变现有的基本制度。

问：1968 年罗伯特·肯尼迪在竞选总统时说道：“这就是我们所谓的国内生产总值（GDP），它既不能保障我们孩子们的健康，也不能保障他们所受教育的质量，甚至不能保障他们无忧无虑的快乐……简而言之，它能衡量一切，但并不包括使我们的生活有意义的东西！”长期以来，经济学追求经济的增长和财富的增加，政府也认为 GDP 增长了，就实现了发展。我们如何看待 GDP 与居民生活水平的关系？

茅：老百姓关心的是生活改善和生活品质的提高。我们现在生活好了，就是因为 GDP 高了。GDP 不是空的，已经把我们的衣食住行等方面的消费包括进去了。GDP 反映的是一个地区的宏观财富增长，是量的增长。财富分配、幸福感是另外的概念，和 GDP 的关系不大。GDP 不涉及财富的分配，不包含环境保护，更不涉及主观的幸福感。

问：西方文化的核心价值观是“自由、平等、民主”，您觉得中国的“文化资源”中哪些可用来作为政策制定的指导原则？

茅：孔子的“己所不欲，勿施于人”是道德的金律。往前推进一步，就是政府要保证每个人不受别人的侵犯，其实这就是“人权”。人权既是政治也是道德，它应该是政策的基础。

问：韦伯《新教伦理与资本主义精神》曾将资本主义发展和新教精神一并研究，强调新教伦理对资本经济的推动作用。中国经济会不会也要寻找哲学支撑，来规划经济发展，进而提升人们的生活质量？

茅：理性资本主义与新教伦理出现在西方社会不是毫无关系的，契约精神和平等交换是西方商业基本规则，这也影响了资本主义民主制度的形成。西方民主政治制度和资本主义是互为表里的，有着民主、平等的传统。中国哲学较多关注的是政治，经济哲学不发达，不系统。儒家思想产生的时代，是封建宗法政治和小农经济的时代，儒家着力研究的是邦国、家庭等组织内的人际关系协调，所要解决的是人和人的关系，没有解决人和政府的关系。孔夫子盼望有个好君主，用周公的“礼”来约束君、臣、民的行为，这和民主政治相距甚远。

问：以前的物质论，让人们紧盯着物质领域。现在越来越多的人去追求自身的幸福与社会进步，注重生活质量的提高和心灵健康。如何看待这一思想观念的转换？

茅：我们现在感觉不到物质生活的重要。几十年前，人们吃不饱穿不暖，生活普遍贫困，物资供应非常紧张，没有多少商品可买。改革开放，国家大力发展经济，衣食温饱问题基本解决了。随着经济、教育的发展，人们越来越关注生活满意程度，人生意义和自我价值的实现。中国正处于这个阶段，到了寻求精神信仰的时代。

问：在现实中，衡量成功的标准是财富、权力、地位，这也是社会分层的标准。此种定义的成功成为无数人的奋斗方向，唯权力、金钱是从，导致了精神空虚、心灵焦躁、社会责任感不断丧失、公民道德下滑。您对于这个问题，有过怎样的思考？

茅：传统文化在近代社会遭遇了巨大挑战，陈寅恪、胡适等人自觉地承担起改造旧文化，以续文脉的工作。对中国传统思想、价值观冲击最大的事件是“文化大革命”。“文化大革命”不仅对中国社会造成了极大的破坏，更严重地摧残了中国的传统文化，将原有的价值观给践踏了，这就造成了很长时间的文化断层。比如尊师重教这一传统，在“文革”期间受到破坏，学生打老师，甚至将老师活活打死等惨绝人寰的事都干得出。其他国家也有现代化进程，也出现过社会信仰崩溃等问题，但没中国这样严重。破坏只需十年，而修复和建设则需要几代人的努力。我们应该学习台湾地区的经验，台湾地区同样经历了现代化，但相当多地保存了中国文化，并深入百姓生活。很多东西是金钱、权力所能办到的，但人的灵魂与民族精神只能由文化来承担。中国文化是有局限性，但优势也很明显。儒家追求的是浩然正气的人格与兼济天下的抱负，道家追求自然、超脱世俗的境界，这些都不是以权财名利所能衡量的。

问：人的欲望是无止境的，而我们现有的资源不断减少。资源的有限和需求的无限产生一个大问题，即如何配置资源。在古代是以政治等级来分配资源，现在是以权力、经济价格来分配资源，在广大百姓不占有权力和财富的情况下，如何使民众富裕？

茅：中国的经济发展，很长时间内不能摆脱对资源和廉价劳动力的依赖。市场经济是使“人尽其才、物尽其用”的手段，但诸如为发展经济而牺牲的环境，是不能通过市场来解决的。如果以社会福利的方式来分配财富，也不见得就好。中国的问题是特权阶层掌握的资源太多，利用公权化公为私，为自己谋利益。这加剧了贫富差距，对社会公平的损害特别大。中国的法制还不健全，以权谋私不同程度地存在于各行业之中，在此环境和体制弊端下，如果仅依靠出卖劳动力，换取生活物资，难以致富。

问：儒家的政治理想是“仁政”“使天下有道”，让老百姓生活幸福。中国传统文化是修身治国之学，倡导淡泊、简朴、理性的生活，对中国当代的社会生活有着怎样的意义？

茅：儒家思想是当时最进步的思想。那时候不可能想出民主制度，只能乞求于明主，一个开明圣主。但是淡泊名利、修身养性、以天下为己任，都是很好的想法，至今也是正确的。所缺的是自由和平等。按理讲儒家也讲自由平等，但是和它的治国思想是有矛盾的。所以以后这些思想没有得到发挥。

问：有不少学者关注这么一个问题：当世界从“民族国家”转向“全球社会”的时候，中国在文化上，能给世界带来什么？

茅：儒家文化以“仁爱”为中心，孙中山的“博爱”也是“仁爱”的推广。全球社会和儒家思想是一致的。过去儒家思想曾深刻影响了东亚国家，尤其对朝鲜、日本、越南、马来西亚、新加坡影响深远，对海外华人也有很大影响。它有助于实现全球社会和世界大同，中国文化对世界影响，不能光有京剧、武术、字画，还要传播我们的思想价值观。中国在海外建孔子学院，是语言教学机构，是浅层的文化输出。

我对未来是乐观的

一个社会应该有一个基本的价值观

郑雄（以下简称郑）：上海的教授王晓明先生曾经这样说过："我觉得自己丧失了信仰，我在精神上没有根。我是一个人文学者，可我常常怀疑自己的学术立场，我为什么要采用这样的分析方法？我究竟为什么要做这样的研究？我也愿意做一个知识分子，向社会尽一份批判的责任，可我常觉得自己无话可说，因为找不到一个能令我真心服膺的批判立场。"王先生的话，你怎么看？中国人的信仰状况已经危险到这种地步了吗？很多人都认为，今天的中国人，信仰状况四分五裂、模糊不清、摇摆不定。你同意这个看法吗？

茅于轼（以下简称茅）：我觉得差不多，基本上是这样子的。现在我们的社会，问题就是没有共同的价值观，就是信仰危机的问题，这确实存在，而且最基本的一些东西也不承认。比如说不能说假话，这是最基本的吧。温家宝总理都说了，要说真话。但如果没有说真话的环境，谁敢说真话？

郑：有一种说法认为，信仰本身就是多元的，每个社会不一样，每个人都应该有他自己的信仰。

茅：这话也不错。但无论什么样的民族、宗教，无论什么样的人，也都有共通的东西，有共通的文化。比如说，要爱，要帮助别人。再比如说孔子讲，“己所不欲，勿施于人”。所谓一个社会的价值观，就是这些最基本的东西。

郑：一个社会一定要有一种共识，人们才可以在一定的平台上进行对话和讨论。

茅：共识不等于说就一种声音。达成共识就是说社会对一些问题的标准是一致的。全世界都认为对的，普适价值，这就是一个标准。如果按某种特定的标准来，给别人造成伤害，社会是不会允许的。

所谓自由应该是不妨碍别人的自由。每个人都不妨碍别人的自由，这个世界才是一个自由的世界。这个道理很简单，不自由是因为有人妨碍了自由。大家都不妨碍别人的自由，不就都自由了嘛。这就是一种普适的价值观。

郑：你觉得，现在我们有没有在通向达成共识的路上？

茅：现在的中国人还没有达成共识，这是个很大的问题。部分知识分子一直在呼吁，他们想把这个道理讲清楚。刚才我讲道，每个人都要不妨碍别人的自由，这个世界才能是一个自由的世界。知识分子有责任讲清楚这个道理。

一段时间以来，凡讲自由就是资产阶级自由化，就是洪水猛兽。其实无产阶级也需要自由嘛，无产阶级也不想当奴隶啊。

郑：那你觉得人们应该怎么办？

茅：我们要不断地奋斗。我写文章不就是一种奋斗吗？我觉得写文章还是起作用的，能起很大的作用。看我文章的人很多，反对的人也有，那大家就辩论辩论。现在是互联网时代，言论和观点传播起来容易多了，言论环境也宽松多了。

郑：但为什么在当代的中国，我们现在会有这样的危机？

茅：你不能说真话，这是最主要的问题。我们这个社会最基本的东西受到了伤害。

比如说不让人说真话，这个社会怎么能好得起来？一般人说真话就会有危险，就会付出代价。

当然还有别的东西。但人必须要说真话，要诚实，这是任何一个民族，任何一个社会都应该有的道德规范。别的自由你尽可以有，但这一点，一个正常的社会必须要共同认可。我们这里不行——从历史到新闻，统统都是让人怀疑的东西。一个社会，如果用谎言来维持，你说这个社会能好吗？

郑：你经常讲的一些观点，你认为是真话，但却招来许多人的围观甚至围攻。你怎么看待这一点？

茅于轼：我只讲事实。我不管别人怎么看。

郑：假话是不是仅仅是这些年的问题？1949 年之后，中国人还是有一种“狂热的信仰”的。

茅：一开始人们还可以讲点真话，但后来慢慢就不行了。当然，应该说，现在要好多了。有些真话可以讲，但更多的真话还是不能讲。这个社会的基本问题没有解决。

郑：吴思先生的一篇文章说，历史上的统治者，用说谎来维护这个社会的稳定，成本最低。

茅：其实不见得成本最低，是成本最高。

郑：也许对于他们来说成本最低，对于整个社会来说，成本很高。

茅：不错。不过认真说起来，对于他们来说，也不见得成本最低——要养活那么多的人来说假话，费劲得很。

郑：我想还不仅仅是找一帮人帮着说假话。恐怕还有另外一种可能——社会成本高，积累的矛盾多，最终，这个社会付出的成本还要有一部分摊到统治者头上去。

茅：那是一定的。

背离市场的结果

郑：我们知道，一个国家的经济运作方式对人性的发展，对人们的精神状态有非常大的作用。国外有一本很有名的书叫作《通向奴役之路》，它认为，计划经济最终带来很多问题。你觉得，中国实行计划经济那么多年，对中国人有什么样的影响？

茅：你说的这本书是哈耶克写的。他想说的是，人类自以为聪明，就搞了计划经济，但实际上，这是一条通向对人们奴役的道路。

哈耶克为什么要写这本书啊？他针对的不光是中国人。全世界有很多人认为市场是很乱的，计划是有秩序的，经济需要秩序，所以搞计划经济。这样的想法和做法，中国、外国，现在、将来，都一直在，并且必然要不断地发生，所以需要捍卫市场经济制度。

咱们中国搞了很长时间的计划经济，搞到最后搞不下去了。才有邓小平出来，领着我们走市场经济的道路。到现在为止，应该说取得了很大成就。但中国人是不是就不想再搞计划经济了？其实不然。

外国人搞计划经济的，也吃了很大苦头——但是不见得吃了苦头就变得聪明起来，就会懂得计划经济的危害性，不再搞计划经济了。有可能的话，我想写一本书，专门讲一讲计划经济怎么有害。

郑：最近几年，针对中国经济界发生的很多事情，有一个说法是“国进民退”。但是来自政府层面，比如说国家发改委、国家统计局，都出来表过态，认为中国的经济现状不支持“国进民退”的提法。你觉得“国进民退”真实存在吗？你愿意看到它发生吗？

茅：我觉得是有国进民退这个问题。

一个重要的表现是关闭小煤矿。本来，我是一个老板，是煤矿的主人，我有权决定开采或不开采。如果我违反了安全法，你可以要求我守法，要求我整改，这是有道理的。但如果我没有违反安全法，你没有理由让我把这个煤矿交出来。一个文件出来，统一给收购了。这是没有道理的，是对产权的侵犯。

再一个例子是关闭技术落后的企业——多半是私营的小企业，认为这些企业是落后企业，关闭之后，可以实现对资源的节约，这个道理是讲不通的。浪费资源，市场会惩罚它，企业自己就关门了，用不着你政府来管——这就是计划经济的思想。市场经济认为市场能有效地配置资源就是谁该生产，谁不该生产由市场来决定，不是由哪个自以为聪明的人来规定。我是很反对关闭所谓“技术落后”企业的，这不是政府该干的事，市场自会关闭它。强调市场的作用就对了。应该让市场起作用，选择好的企业留下来，把坏的企业淘汰掉。

当然，环境保护的问题政府是要管的。那些破坏环境的企业，政府要求它保护环境，这个是有道理的，企业也应该按照政府说的去做。问题是你关它的理由是技术落后——你说它技术落后，它技术落后怎么能赚钱？技术落后，可能它管理先进啊。说节约资源，其实要算总资源的账。它这里用的资源多一点，别的地方就会少一点。总体上算账，只要企业能赚钱，你就不能说它浪费了资源。当然我们现在有一个问题是能源价格偏低。政府应当做的是调整能源价格，而不是关闭小企业，关闭技术落后的企业。

郑：我跟你的看法一样。我也不认为政府可以随便地关闭这些所谓技术落后的小企业。问题是，现在政府也关掉了一些国有的企业。政府这样做，似乎也有它的逻辑在里面——这是政府自己的企业啊。

茅：国有企业关不关也应该由市场来判断。你比如说，一个国有企业，它技术落后，但如果它管理先进，企业是赚钱的，你是关掉是不关掉？我觉得，不管是国有的，还是私有的，企业只要赔钱就得关。

郑：你的意思是说，不管是国有的，还是私有的，企业的关不关，要由那双“看不见的手”来决定，而不是由那双“看得见的手”来拍板？

茅：是啊，就是靠市场，不靠计划。什么是计划？就是拿一套指标来卡。什么万吨能耗是多少，什么什么的，乱七八糟一大堆，它完全是反市场的。社会应该多元化，就是决策上应该多元化。市场经济的实质就是多元化。社会和经济不一样，但也有多元化的问题。它的表现就是一个社会应该有不同的意见，有不同的声音，有不同的表达方式。要容忍多元的文化，历史上我们已经吃过大亏，一元化是大祸害。应该让社会多元起作用。市场不需要统一命令，市场自有市场的判断、多元化的判断。因为市场本身是有多元化存在的——市场就是自由啊。我只要不干涉别人，不对别人造成伤害，就有我的自由。这就是市场的原则。认为用行政命令把资源集中起来才能用好，与市场的原则是相反的。

郑：你对GDP怎么看？它和所谓“人心大坏、形势大好”有关系吗？

茅：GDP是很重要。从好的方面来说，GDP上去了，说明大家都在忙着赚钱，至少是在想赚钱。大家钱多了，生活就好了。

问题是，有的人在赚钱的同时会伤害到别人。本来，搞市场经济是不能伤害别人的。但现在，有些人，做的有些事，不是两厢情愿，而是一厢情愿的，造成了对别人的伤害。我们和发达的市场经济相比，差距就在这里。

郑：你的意思是说，赚钱时伤害了别人，赚钱的过程中产生的GDP也许还是有害的GDP？

茅：伤害了别人是产生不出GDP的。伤害了别人，就成了赌博了——我赢了你输了，加起来还是那么多。我赢了，你也赢了，GDP才能上升。市场经济的基本特点就是双赢，双赢才能产生财富。我们现在赚的钱，绝大部分是双赢的。吃一个面包，一块钱。你给我面包，我给你钱。你赢了，我也赢了。大家都是自愿的。我吃个面包，GDP就会得到一定提高。但是如果你做的事是一方不同意的，比如说强制性地征地，不是在市场化的基础上，双方通过协商进行买卖，那会伤害一些人，就不会产生GDP，也可能会产生负的GDP。

实现目标不能以牺牲他人为代价

郑：你觉得自己现在最相信什么？

茅：我相信真善美。我追求全人类快乐的极大化。

郑：你为什么会这样想？

茅：每个人都是一个个人。你不能说自己升官发财，别人只能当看客。我是个特权者，你只能当个普通人。人都是平等的。每个人都应该找一个能够实现的目标。但你的目标不能以牺牲别人为代价。如果是那样，你这个目标就错了。

郑：现在社会上很多人都把升官发财作为目标。一些70后、80后的年轻人也不例外。你怎么看待他们的这种思想？

茅：升官是错误的，升官就是别人不当官，我来当。发财是不错的。但你发财，不能黑心发财，不能不让别人发财。市场经济就是这样，我发财别人也发财，一定不能让别人吃亏。

郑：生活中我们会发现，高学历的年轻人也喜欢“升官发财”。这和他们接受的教育没有关系。甚至一些学历很高的人，都是“为稻粱谋”，为了占据一个位置，以便获得支配公共资源的权力。我的一位在乡政府工作过的朋友就说：“公家的钱，就像是河里流过来的水，你不舀一瓢，它就往下流了，不舀白不舀。”

茅：连飞禽走兽都是有主的。公共资产是社会全体成员的。侵占全民的东西，就是犯罪。都想随便舀，那还了得？

独立思考是创新的前提

郑：你经历了民国、新中国成立、“文革”、改革开放，这么多的历史时期，给你本人留下了什么样的基本印象？

茅：新中国成立以前，对于中国人来说，家庭、孔孟之道讲得比较多。解放初期，有过一段比较好的时期，但很快就开始搞阶级斗争了。改革开放之后，鼓励大家都去赚钱，其实就是搞市场经济，向西方学习。

比较起来，还是改革开放这一段比较好，中国几千年的面貌都变了，但是社会正义方面的问题比较多。

对我个人来讲，改革开放以后是最好的时期。好在什么地方？好在我能使上劲，对这个社会能起点作用。

郑：你说的是个人的情况。但我们也发现，很多知识分子在1949年之后，并没有发挥之前的作用，1949年之后，甚至他们的命运都很悲惨。1949年，对很多人来说都是一种宿命。

茅：这是对知识分子政策有问题，现在的社会更有创造性。中国的近代历史上，洋务运动、维新派、五四运动曾经给中国带来了新的政治理想、新的文学、新的艺术。但是“文革”消灭了中国人的创造性，一直到现在，僵化的教育把青年人的创造性泯灭掉了。

总体上说，现在的经济搞得很好，但是把人的创造性给搞没了。

郑：但是为什么我们的经济反而搞得比较好？

茅：这是两回事。经济搞得好，不是我们自己创造来的。是向西方学习的结果，就是学习市场经济制度。市场是创造财富的机器，全国人民都忙着赚钱，大家都想赚钱，社会的经济就发展了。我们中国是非常成功的，世界上没有别的任何一个国家可以比得上。

当然，这仅仅是从创造财富的角度来看，其他方面不行。中国人得不了诺贝尔奖，这都是僵化教育搞坏了。从小学就要开始纠正，要让小孩有自由思想。现在的小孩没有自由思想，老师怎么教他们就怎么想，他们的思想成了模式。一个团体里面想要出大学者，关键就是他有一个创新的环境，这个条件现在没有。大学里面老师要讲点新东西，讲点真话，是会有人告密的，饭碗就会丢的。

郑：已经去世的经济学家杨小凯先生提出了发展中国家的“后发劣势”问题。你觉得我们中国注意到这个问题没有？我们怎么才能做到不仅仅模仿发达国家技术、产品层面，同时更加注意在管理体制方面下工夫，在获得短期效益的同时避免付出更大的长期代价？

茅：后发优势和后发劣势都存在。我们已经充分地利用了后发优势。我们的技术基本上符合市场需要，所以市场基本能够运作起来。中国的市场跟大多数发展中国家的市场相比，还是不错的，所以我们能够创造出那么多财富。包括一些制度和管理层面的东西，比如银行、证监会都是学的外国，拿过来就可以用。

我们的劣势在哪里呢？就是自以为中国已经了不起了，不需要进步了，以为有那么多的外汇储备，全世界的人都要看中国人的脸色行事。

郑：你曾经说过，“为富人说话，为穷人做事”。这个观点引起了很大的争议。我发现我身边的很多人，特别是一些所谓的“穷人”“底层”的人，对于你的观点并不赞成，网上甚至有不少的谩骂声。

茅：所谓帮穷人做事，就是想办法帮助穷人富起来，而不是打倒富人。打倒富人，穷人仍然是穷人。

社会和人心的变化在加速

郑：美籍华人历史学家唐德刚先生在他的著作中曾提出“历史的三峡”这一观点。唐先生认为，中国社会从形形色色的专制政体到自由民主政体的转变，需要一个过程。这个过程需要两三百年的时间。唐先生用“历史的三峡”来打比喻——中国社会的转型不可能一蹴而就，必须经历一个艰难曲折、充满惊涛骇浪的阶段，但最终，江水东流去，中国社会必将走向现代民主政体。按照他给出的时间表，这个过程可能还需要五十年。你对唐先生的观点怎么看？

茅：我估计要不了这么长时间。过去一百年，中国的社会变化非常大，并且这种变化还在加速。现在对外交流、信息的沟通方式，是过去完全没有办法比的。

郑：在《中国人的道德前景》这本书中，你说：“物质享受的特点很容易达到饱和，过度的物质享受反而造成痛苦。而精神享受的特点是永远不会饱和，相反，对精神享受的追求，会引导人达到更高的欣赏境界，从而得到更大的满足。”但是我们现在发现，物质越来越丰富了，却有不少人出现了状况。一种状况是，更加追求物质——房子想越来越大，汽车想越来越新，钱想越来越多；另一种状况是，物质相对满足了，但是精神上特别空虚。你觉得为什么会出现这种情况？长期这样下去，中国人的精神世界会发展到什么样的境地？

茅：我觉得主要原因是中国社会的变化太快，中国的市场化道路走得太快。

世界上所有走市场化道路的国家都要人们赚钱，这个是没有区别的。但是好的社会，除了讲赚钱，一定还要讲别的，不是只有赚钱，不要唯 GDP 论。有很多东西都比 GDP 重要。比如要讲社会平等，要讲社会的可持续发展，讲世界和平、人们能够和谐相处。这些东西都是

GDP 这个指标不能概括的。

我们是从“毫不利己，专门利人”——完全要求没有自利的社会意识形态走过来的。忽然间转向市场经济社会，有些人以为什么都能干了，就破坏了一些道德方面的准则和要求。对于钱多的人来说，钱不知道怎么用是他的问题；对于钱少的人来说，也有问题——一定要明白，除了物质需求之外，人还有别的需求。

我想，也许中国慢慢会走到一个平衡发展的道路上。不会越走越偏，偏得太远。最后大家都会觉醒的，会知道光有物质，没有别的东西的生活并不快乐。不过这有个先决条件，就是这个社会一定要有多种声音，要多元化。有了多种声音，才可以纠偏。

郑：你觉得什么样的社会是一个好社会？你愿意怎么去想象它？

茅：我觉得，在一个好的社会，人们可以自由地享受人生，同时可以帮助别人享受人生。享受人生不光是物质享受，也包括精神享受。

郑：你觉得今天的中国人处在什么样的人格类型阶段？

茅：我觉得我们正处在从子民、臣民走向公民的阶段。现在是过渡阶段。臣民的成分在减少，公民的成分在增加。

郑：在中国，权力还是非常有力量的。你对中国社会走向公民社会的前景是悲观的还是乐观的？

茅：我觉得还是乐观的。和 30 年前相比，我们的社会已经有了巨大的进步。现在大家懂得维权了，30 年以前，人们可能连维权这两个字都没听说过，根本不知道自己有哪些权利。现在尽管仍不时地有一些人的权利受到侵犯，但最起码人们已经知道了，什么是我们的权利。

我写过一系列的文章讲这个问题。最重要的是老百姓的生命权。我要活着——这一点，现在已经有了改进，非常大的改进。

郑：你现在这么大年纪了，应该过一种很“正常”的退休生活。但你选择了和一般老人完全不一样的生活。为什么会是这样？

茅：还是我那句话，我希望增加这个社会的幸福感，减少这个社会的痛苦。当然我现在忙还是忙，却也进入了半退休状态，有的事就推掉了。我只做自己最喜欢的事。写文章、接受采访是我最重要的工作。

郑：你觉得，中国人的精神空间会在什么时候，有什么样的变化的可能性？

茅：我觉得正在变，这两年特别明显，主要是有了互联网之后，很多东西是盖不住的。虽然互联网也有不少毛病，比如说会传播一些错误的东西，但总体上说，互联网对社会的改变是很了不起的。

郑：你说的是中国的言论空间问题。我还想问，什么时候，中国人的心灵状况、精神世界会有实质意义上的变化？

茅：中国有十几亿人口，变化起来当然比较难。但有时候可能也很快。社会的变化，有的方面很快，有的方面很慢。社会各个层面的变化是不同步的，有的快有的慢。最慢的还是文化的变化，比如中国人的特权思想，不平等的思想，几千年沉淀下来的东西，恐怕短期内是很难变的。

郑：你的文章中对两个东西，一个是自由，一个是交换强调得比较多。这两个概念能不能概括你的观念？

茅：最基本的是平等。自由和交换的基础是平等。平等是一种社会科学的公理，可以证明的。人人不平等，有的人在上面，有的人在下面，这个社会怎么稳定得了？人和人平等的社会肯定是稳定的社会。

人人平等的社会也是一个自由的社会。因为已经没有人可以干涉你的自由了。所以不自由，是因为不平等。没有人权是因为有特权。有了自由、平等必然有交换。所以平等、反特权是最基本的出发点。

郑：茅老师你还说过，要“给你所爱的人以自由，甚至你的敌人，某种程度上你也要给他以自由”。这话怎么理解？

茅：有时候，产生敌人正是因为你干涉了他的自由。本来不是敌人，干涉他的自由，结果成了敌人。你爱他，他也许就不是敌人了。有时候，打的办法解决不了问题，用爱的办法才能解决。虽然说爱并不能解决一切问题。

财富创造与金融改革

（本文为 2011 年 11 月在湖南永州市的演讲）

从目前我们国家的情况看，我们和别的国家比较，我们国家的企业家处境比较艰难。其实我们都很佩服慈善家做慈善，把自己的钱给别人、给有困难的人，慈善家是了不起的，使别人得到了好处。从全社会来讲，慈善家是损己利人，企业家是利人利己。过去我们认为企业家是剥削者，是损人利己的，我今天想提出来，企业家并不是损人利己的，他们利人利己，所以从某种意义上讲，他比慈善家更了不起，当然我这个说法是从财富的角度来看的。那当然从道德的角度来看，慈善家更了不起，如果企业家又去做慈善，那就是双重的了不起，现在我们很多企业家做慈善，我很赞成这个做法。

为什么说企业家是双赢呢？企业家为大家提供产品、提供服务，这让大家得到好处，企业家也得到好处，我们只看到企业家得到的好处，而往往忽视了老百姓从企业家那里得到的好处，现在大家想一想，我们的吃喝拉撒，靠的是谁？靠的就是企业家，没有企业家的服务，我们的一切就混乱了，那么吃也吃不好，一切就有问题了。大家想想改革开放以前，我们是吃也吃不饱，生活非常困难，现在生活这么好，是什么原因？企业的原因。改革开放以前没有企业，只有工厂，工厂不是企业，工厂与企业是两码事，工厂是完成领导交给的任务，企业是赚钱，这个不一样，到底是完成任务好还是赚钱好呢？事实证明是赚钱好。企业家是通过给大家提供产品、服务，而且他还赚到了钱，所以我们所有的享受是企业提供的，也有一些是政府提供的，比如说马路、公安、环境保护，这些是政府提供的，但是衣食住行都是企业家提供的。为什么企业家能双赢呢？简单的一个道理就是你与企业打交道，你是很自愿的，没有谁强迫你，不管你打什么交道，不管你买它的商品也好，你卖原料给它也好，或者你去打工。不管是哪一种打交道的方式都是双方同意的，有一方不同意这个交道就打不成，双方同意就说明双方都有好处，至少是没有害处，没有人会同意别人做一件对自己有害的事。你买个面包吃，因为对你有好处你才会买，你愿意企业也愿意，面包房把面包卖给我，它很高兴因为它可以赚钱，我买面包我也很高兴，因为解决了我肚皮的问题，所以所有与企业打交道的都是在平等自由的情况下进行的，一定是双赢。所以任何一种打交道的行为，包括到企业去打工，都是双方都愿意的，也是双方都得到好处的，我得到了一个工作，我得到了工资，我有机会发挥专长去做我喜欢做的事。当然也有个别不喜欢的，那也长不了，你也会跳槽到别的地方去干，总而言之只要是没有强迫，是自愿的、平等的，就一定是双方得到好处的，双方得到好处就有财富的创造。当然我们知道赌博没有财富的创造，不可能你也赢我也赢。但企业与企业，或与消费者之间是双赢，一定有财富的创造。

我们学习经济学要用逻辑的方法，逻辑的方法就是从道理上、从推理上讲它是合理的，我们初中就有几何学，几何学就是培养你一种逻辑的方法，现在我们就要用到逻辑的方法了，双赢就一定有财富的创造，没有财富的创造就不可能双赢，所以你与企业打交道，不管你是买它的东西或者是你卖东西给它，你提供给它原料，或者是你去打工，与企业打各种各样的交道，都是双赢的，都是有财富的创造，这就了不起了。社会的财富是从哪儿来的？是与企业打交道产生的，而不一定是通过劳动，这个道理大家要想通了。因为它不是赌博，赌博没有财富的创造，

所以它就不是双赢。如果有双赢，它必定有财富的创造。下面我来解释与企业打交道创造财富的原因在什么地方？我们过去认为劳动创造财富，企业家没有什么劳动，因此企业家赚钱就是剥削，这个想法是很错误的，我们拿事实来讲，改革开放以前我们的工人农民劳动很辛苦，但只有很少的财富积累，或是根本没什么财富积累，现在我们的工人农民，劳动比过去少了，过去一个星期干六天，现在一个星期干五天，劳动少了但财富多了，原因就是企业家的作用。企业家起了什么作用呢？企业家把一切东西都用好了，把它组织好了。这个工作不是政府干的，也不是工人农民干的，是企业家干的。企业家把土地、人工、资本、机器设备等一系列东西组合起来，用最优的方法。他要考虑用什么样的人？在哪块地上？用什么样的原材料？产品销到哪里去？这都是企业家

做的事，这个非常重要。正因为过去没有企业家，所以这些事全乱套了。企业家怎么来组合这些事呢？他用一个方法，叫作“人尽其才、物尽其用”。所以财富是怎么创造的，财富就是“人尽其才、物尽其用”创造的，在我们经济学里面，叫作资源配置，把资源（人、财、物、市场等）组合起来，这样财富就创造出来了。

举个例子，广东有香蕉，北方没有香蕉，北方人就吃不到香蕉，广东人吃了太多的香蕉，你把香蕉从南方运到北方，财富就创造了，香蕉还是那个香蕉没有变，按照马克思的说法，香蕉没有变，它的价值就不能变；按现在的说法呢，它物尽其用了，价值就提高了。人也是一样，你在这里干或者在那里干，你在哪里赚的钱多你就到哪里去，那也是人尽其才。企业家知道他需要什么样的人，他会选一个合适的人，这个人也觉得干这个活我挺喜欢，双方都同意了就做到人尽其才了。所有企业家做的事就是通过打交道、通过交换做到人尽其才、物尽其用，财富就创造出来了，企业家赚的钱就是组合这些要素的钱。怎么组合法？就是人尽其才、物尽其用。改革开放以前没有企业家就没有人组织这些要素，即使组合也不是最优的，在座的各位40多岁、50多岁的，也许你们还有体会，那个时候的工厂招工不是挑选的，没有机会挑选，有哪个人你就接收哪个人，每个工人、职员也没有机会挑选，都是派的，人才完全埋没了。

就拿种粮食来讲，种粮食是不是创造财富？不一定，那要看你怎么种？如果你让会种粮食的人去种，那是人尽其才，就对了，你让一个不会种粮食的人去种，就糟了，改革以前我是一个工程师，我去种了六七年粮，毛主席号召我们上山下乡，机关干部都要到农村去，向农民学习，粮食种没种出来？也种出来了，但成本很高，你让一个工程师去种粮食，不光是我，国家干部都下放过，老师、医生都去种粮，你说那样种粮怎么会创造财富呢？其次种粮在哪块地上种，应该在适合种粮的地上去种，你决不能在两栋高楼中间种一块水稻，高楼什么意思？就是土地很贵，土地贵才朝空间发展，你让一个贵的土地种水稻，那不是浪费了财富吗？这就说明创造财富，不是单纯地劳动，而是人尽其才、物尽其用。一个人你该干什么，你喜欢干什么，你就干什么。一块地该种粮就种粮，该盖房子就盖房子，该修路就修路，物尽其用这就是财富的创造。

同样，劳动也必须是人尽其才、物尽其用才能创造出财富。过去没有企业家，我们的劳动就白费了，我们大炼钢铁，就是把财富浪费掉了，这个劳动不仅不创造财富，还消灭财富。我炼过钢铁，很奇怪吧，我这个工程师种过粮又炼过钢铁，为什么呢？毛主席号召的。全国的农民都炼过钢，你想想村村冒烟，每个村点个炉子，那简直是开玩笑。就是这么干的，干了 30 年，那个时候的学校不让大学教授管大学，让工人来管大学，让部队来管工厂，这就不是人尽其才、物尽其用，全乱套了。

我讲了人尽其才、物尽其用，当然也包括“钱尽其用”，我们的钱要用好了，这个事非常重要。刚才我讲了，整个社会是怎么富起来的，就是人尽其才、物尽其用，特别重要的就是钱尽其用，这与马克思的看法不一样。马克思认为劳动创造财富，他不管你是不是人尽其才、物尽其用，这个显然是错误的，现代经济学证明了资源配置创造财富。什么是资源配置？就是人尽其才、物尽其用，其中就包括对钱的配置、资本的配置。资本从哪儿来，资本从我们每个家庭的储蓄来，我相信在座的各位都有个银行账号，钱就放在账号里面。银行把大家的钱集中起来干什么？就是钱尽其用，找一个最好的用处让它发挥作用，在这个过程中，财富就创造出来了，钱尽其用就创造了财富，金融业没有劳动，就是在计算机上调用数字，这有什么劳动？马克思认为生产劳动才是劳动，像工人开机器、农民种地才是劳动，他认为服务业不创造财富，理发不创造财富，金融业不创造财富。如果说金融业不创造财富，它还赚了好多的钱，那就是把别人劳动的钱拿过来了，就是剥削，如果金融业是剥削，那干脆把它关了算了，但全世界金融业还没关过门，还越来越发达，赚了很多钱，它怎么干的呢？它就是钱尽其用。为什么金融业是钱尽其用？它是财富的创造，它把储蓄放在一个项目中，这个项目能发展生产，能赚很多的钱。所以说钱有很多用处，金融业就是把它放在最有用的地方，这就是金融业的本事，实业家与金融家是不一样的，金融家是把钱调到最有效的地方去。

那么你们看看中国的金融业是什么状况？不是太好。因为最需要钱的中小企业借不到钱，相反国家的一些大项目，只要发改委一批，就能源源不断地借到钱，不管项目好坏。正因为这样，我们的金融业、银行系统欠了好多的债，这个事是很危险的，你把钱给了亏损的项目，你就没有钱尽其用，没有创造财富，而是消灭了财富，金融系统迟早要出大问题的。有人说我们的铁路系统，就面临巨大的风险，因为它借了好多的钱（上万亿），那么多钱还不了本怎么办？国际货币基金组织也认为中国的铁路系统有巨大的金融风险。相反我们的中小企业却贷不到款，中小企业能提供产品、服务，能赚钱，愿意出很高的利息来借钱但借不到，我们的银行不借给它，所以就出现了民间融资。民间融资就是替金融业把钱用好，我这儿有钱借给谁呢？当然是借给利息最高的，不借给高利息我借给低利息，那我不是犯傻吗？商业没有这样的事，拍卖是谁出的价钱高我卖给谁，卖给价钱高的就是物尽其用。高利贷恰好就是钱尽其用，我们没有理由反对高利贷，高利贷就应该是金融业做的事。当然我也不支持高利贷，因为利息太高，为什么利息这么高呢？是因为供不应求，因为钱是少数，但借贷的人多，所以价格就上去了。所以反高利贷的方法不是禁止，而是鼓励，大家都去放高利贷，利息就下来了，就没有高利贷了。中国也好外国也好都反高利贷，为什么反不掉呢？就是方法错了。你越反高利贷利息就越高，你越提倡高利贷利息反倒下来了，这个说法大家一般不接受，都说高利贷坏，你让大家去放高利贷，不是让大家去变坏吗？但是从经济学来看它不是这样的，我不是说高利贷好，我只是鼓励钱的自由流动，它会流到利息高的地方去，流到最有用的地方去，能更多地创造财富。

有一种说法，说金融业是赚企业的钱，对不对呢？银行把钱借给企业家，收他的利息，这个利息是企业家创造的还是金融家创造的？一般人认为利息是企业家创造的，不是金融业创造的，这个说法不对。有一个农民用他的劳动种出100斤小麦，他为了吃这100斤小麦，就需要让磨房把这100斤小麦磨成面粉，他给磨房10斤小麦，背回去90斤面粉，磨房得了10斤小麦，这10斤小麦是磨房创造的还是农民创造的？很简单的一个问题，那当然是农民创造的。磨房怎么会创造小麦呢？但是这个答案对不对，想来想去这个答案还是不太对，你说是农民创造的，那磨房岂不是白拿了10斤小麦，别小看这个问题，很难回答的。10斤小麦是农民创造的那绝对没错，那磨房岂不是没有贡献，其实这个问题是可以回答的，因为磨房创造了10斤小麦的财富，物和财富是不一样的，因为农民是创造了10斤小麦，而磨房创造了10斤小麦的财富，所以磨房是有贡献的。因为农民的100斤小麦变成90斤面粉，小麦的重量少了10斤，但90斤面粉比100斤小麦的财富增加了。过去都说机关干部、知识分子都是工人、农民养活的，我想那也没错，我吃的饭就是他种的，那是因为不懂经济学，认为我们是工人、农民养活的。现在懂了经济学了，我们的财富是我们自己创造的，不是他们创造的，这跟磨房磨小麦得到报酬是创造财富是同样的道理，金融业创造的利息不是企业家创造的，是金融业创造的，就是钱尽其用了。

这里面有一件非常奥妙的事，这一切都是人尽其才、物尽其用，交换创造财富就是这个道理。我花两块钱买一个面包，面包房只有面包没有钱，我花两块钱他赚五毛钱，我为什么愿意买这个面包呢？因为不买面包就得自己回家烤面包，我烤的面包质量没他的好、成本还要高，这对我来讲很划算，一块五的面包到了我这两块钱，我还觉得很划算，这就是物尽其用了。我再举个例子就是企业的交换。把企业的厂房、设备、人员统统卖了，大家想想看这个企业为什么会卖掉呢？还是一句话：物尽其用。这个企业在原来老板的手里与在新老板的手里不一样，到了新老板手里通过调整就能赚到更多的钱了。比如原来的老板他借不到钱，新老板能借到钱，这一下把企业搞活了，也比如说新老板有一个技术，原来的老板没有，通过这个新技术把产品质量提高了。

我们天天做买卖，很少想为什么有买卖。自从人类有了买卖、有了交换，财富就增加了。人类历史有很多万年了，在公元元年，世界共有2亿人，平均寿命是24岁；公元1800年是10亿人，平均寿命是26岁；今年人口达到70个亿，平均寿命是67岁。原来的1800年增加了8亿人，现在短短200多年却增加了60亿人。这是什么原因？是因为有了市场、有了交换，使得财富得到增加。有人说这200多年的快速发展是科学技术的进步带来的，这个说法是对的，但这是比较肤浅的，没有看到本质的东西，本质的东西是因为有了市场，科学技术被市场化，没有市场的支持，科学技术起不了作用。现在的计算机每年在更新，这是为什么呢？这是市场在起作用。你不更新你被淘汰，你不更新你赚不到钱。所以市场彻底改变了人类的历史。

市场是一个组织交换的场地，是企业家在组织交换，所以企业家的贡献就是财富的创造。我不否定工人、农民的作用，但更重要的是企业家的作用，是市场的作用，所以我们要保护市场。

在古代，中国、外国都看不起企业家，工农兵学商，商人划到最后，外国也一样认为商人就是坏人，现在全世界对企业家都是很尊重的，而且现在最有才能的人才都去当企业家了，早先最好的人才去当政治家。美国的企业家比尔·盖茨发明了 Windows，赚了很多很多钱，所以现在有才能的人才都奔向企业。社会进步就是靠企业，现在马路上的商店、理发店、汽车店、音响店、手机店、洗脚店等，30 年前都很少，这个变化给我们带来了很大的进步。这些店不是工人、农民开的，都是企业家开的。如果财富还要继续增长，就会有新的需求，企业家会根据需求做服务。所以人类社会进步虽然有文化、政治方面的因素，但企业家是最重要的。因为他给你创造了财富，你没有财富就什么都谈不上。你要搞文化你没有钱你搞什么？所以中国改革的成功就是大家都赚钱，工人、农民、企业家都赚钱，但企业家起到了组织的作用。

过去搞工业化搞不成，大炼钢铁结果是越炼越穷，农业学大寨、不怕苦不怕累加班加点，结果没有财富创造。因为我们的目标错了，目标是财富的创造、是赚钱，所以改革开放 30 年中，从财富创造来讲，所有的国家都没有我们成功，永州我是第一次来，原来认为永州是个小城市，应该不会有什么高楼大厦，事实不是这样，这就是我们成功的地方，就是大家都赚钱、都创造财富。失败的地方就是把钱看成是唯一的追求，别的什么都不要了，什么原则统统都让步了，现在什么东西都是靠钱，评模特谁第一、谁第二据说都是花钱买的，当官也是可以买卖的，一个官多少钱，踢足球谁赢谁输也是可以买卖的，整个社会都钻进钱眼里去了，这就很糟糕。

现在钱越来越多，但大家不快乐，这是一切被钱糟蹋掉了。所以市场也有两大问题解决不了，第一是贫富差距，比尔·盖茨他赚了很多钱，他就是靠市场赚的，他没有剥削谁，打篮球的姚明一年赚了一个多亿，他也没有剥削谁。收入差距太大的问题靠市场解决不了，市场可以解决一切可以交换、买卖的东西，不能交换、买卖的东西它解决不了，所以解决贫富差距的问题就要靠政府、民间的慈善机构。第二个问题就是环境保护，所以我想今后人类的两个大问题就是贫富差距与环境保护。这两个问题是市场所不能解决的，要想别的办法。

中国的企业家与外国的企业家不一样，他们生存的环境比较恶劣，因此中国的企业家还需要做很大的努力，把全社会对企业家的看法纠正过来，营造一个好的生存环境，为什么现在许多企业家移民到外国去了，因为他觉得缺乏安全感。我们国家需要企业家，需要好的人才，不要把他们赶走，所以要纠正全社会对企业家的看法。

现在是有贫富差距，这确实很坏，但这不是企业家剥削的结果，这是市场造成的，企业家利人利己，很了不起，创造了财富，企业家对社会是有重大贡献的。只要是通过利己利人赚到的钱，就是值得大家尊重的。当然，也有一些人，通过权力或暴力掠夺他人的财富而拥有巨额财富，是害人利己，是强盗，不是企业家。企业是社会的重要组成部分，企业家也要把自己的地位重新看待，企业是社会的不可缺少的一部分，为社会创造财富，是对社会有责任、有贡献的，因此不要把一个好的事情做糟了。有些人说有的企业搞假冒伪劣产品，黑着良心去赚钱，这些人也不是企业家，是坏人，企业家是利己利人的人。企业家要懂得自己在社会中的重要位置，懂得企业的好坏关系到全社会老百姓，关系到国家，有这个认识，还可以让企业的成就提高。所以对企业家的看法要改变，包括企业外部、企业本身，企业员工对企业家的看法也要改变，这样我们国家的力量才会上升一个台阶。

最后我想说赚钱不是唯一的，要赚的钱这一辈子也赚不完，你要把你的钱用好，怎么用钱对社会有最大的好处，这是一门学问，钱用得不好也是会造成伤害。钱用得好就能创造更多的就业、发展学术，发展学术是不赚钱的。讲正义、讲道德，这些事也要花钱，这些事政府在做，企业也应该参与进来，宣传社会的道德，做给大家看，这样企业家的影响就大，大家都做好了，我们的国家才会百尺竿头、更进一步。

全球发展下的中国经济改革进程

（亚洲—全球对话 2012）

我今天想谈两个问题：第一个问题是从非常宏观的角度，探讨人类文明发展到现在，处于什么阶段，面临着什么问题，如何解决。第二个问题是中国经济的可持续性。经过 30 年的改革，中国经济已经发生了巨大变化，那么，我们现在正处在什么阶段，面临什么问题？

第一个问题：当前人类发展到什么阶段，面临什么问题，如何解决？

首先我们宏观地观察人类发展历史。为什么要从宏观的角度看？比方说，在太空看地球，你可以看到各个大洲的外形可以拼在一起，这就给我们大陆漂移学说提供了直观证据。这是空间上的宏观视角。我们能不能也从时间维度的宏观视角，思考几千年、上万年的变化把我们带到了一个什么位置上？如果可以，我们应选取什么指标来观察时间上的宏观变化呢？我认为可以有两个指标，第一个是人口的变化；第二个指标就是人的寿命的变化。

关于人口变化，公元元年，2000年前人口约为2亿3千万。这是有记载的数据，比较可靠。到了1820年，即19世纪初期，人口增至10亿，增加了4倍左右。1820年到现在的200年间，世界人口数从10亿变成了70亿。如果我们再往前推，就会发现，人口开始增长是由于1万年前农业文明的诞生，人类的食物有了保障、居住地稳定下来了，这时候开始出现人类的组织，然后出现了部落、出现了国家。从1万年以前到公元元年的8000年间，人口年增长率低于1‰；而现在人口增长率约为1%，也就是说从1‰变成1%，增加了不止10倍。如果我们画一条曲线表示人口变化，可以看到在1800年前的几千年基本上是一条水平线，略微上翘一点。到了1800年以后忽然迅速上升。这是人口数字告诉我们的宏观变化。

人类寿命的变化也是如此。公元元年左右人的寿命约为24岁，到19世纪初（即1820年左右）约为26岁，现在大概是69岁，差不多70岁。当前人口总数是70个亿，人的寿命差不多70年。可以看到在最近的200年间发生了非常巨大的变化，人类社会与过去发展的轨迹完全不同。那么，是什么原因造成这个变化呢？

我认为，这一切得益于市场制度的出现。有人认为是科学技术造成这样的变化，我认为这种解释比较肤浅。所有的科学技术要造福人类，必须经过商业化。比如我们现在用的数码相机取代了彩色胶卷，为什么能有这种取代和进步呢？因为它成本低、效果好。一切的科学技术要通过商业化才能给人类造福。市场会告诉你朝哪个方向去发展，所以科学技术之所以能够造福人类是因为有市场，有市场制度在安排。

市场制度为什么改变了人类的发展？因为在过去，没有市场时，人要得到享受，就要获取权力。在中国权力最大的是皇帝，因此皇帝享受最高待遇；然后是一品官一直到九品芝麻官根据官阶高低权力大小获得不同层次的享受；老百姓没有权利享受。要想获得享受首先要得到权力，而权力是有排他性的——你当皇帝我就当不上了。因此过去人的聪明才智用在怎么获取权力上，是零和游戏，所以在历史发展的很长一个阶段出现人类力量互相抵消。市场制度出现以后，人与人的关系彻底改变了。你怎么得到享受？你必须要赚钱。你怎么赚钱？你要跟别人合作、要双赢，我也赚你也赚。一个企业家在市场上赚了 100 万，不仅市场没有少 100 万，而且还有另外一个企业家也得到 100 万。因此，我能得到享受，你也能得到享受。所以个人的利益追求动力变成全社会发展的动力，这个变化是空前的。

现在我们进行到这样一个阶段，市场制度的安排不但解决了财富创造的问题，而且也基本消灭了国家之间争夺资源的战争。由于全球经济一体化，任何一个国家都可以在全球市场上购买资源。例如日本是一个资源的穷国，过去为了发展侵占了我们的东三省，并且依靠东三省的煤、铁、粮食、木材打了第二次世界大战。“二战”期间日本用的子弹、飞机、大炮，大部分是鞍钢生产的。到现在日本还是一个资源穷国，没有任何资源，但是现在日本的发展比“二战”以前发展得更好了，国民变得更富有了。为什么？日本可以通过市场购买所需的资源，无需战争。中国现在也走了这条路，在全世界购买了很多资源用于生产和消费。中国、日本、美国、德国等很多国家都要进口石油，但是从来没有听说为了进口石油，中日之间发生了战争，这就得益于市场的安排。

有人说南海的争夺就是资源的争夺，这个说法是不对的。我们跟菲律宾的争夺不是资源，而是领土主权、国家尊严。这些争夺是没有解的，是零和游戏——黄岩岛是中国的就无法属于菲律宾。如果只是要开发资源，就不是零和游戏，那就应该请企业家而不是政治家去谈判，他们一定能够谈成功。所以市场制度把人类带到了现在这个阶段，解决了财富创造生产的问题，也解决了共同发展的问题。

但是，市场制度也有一些问题解决不了。我们现在面临的问题，就是市场制度本身所不能解决的问题。哪些问题不能解决呢？

第一个问题就是市场制度本身需要有政治安排。这里所说的政治安排包括财产保护、人身保护、自由选择、公平竞争。这是市场所必需的，但市场本身并不能产生这些，所以就需要有相应的政治安排。现在全世界发展好的国家在财产保护、人身保护、自由选择、公平竞争都做得好，因此市场比较完善。而在发展中遭遇问题的国家都是这些条件不具备或不完善的。因此我们要促使市场进一步发挥作用，就需要在政治安排上取得进展。而这个问题是无法依靠市场解决的，也是我们需要在将来进一步努力改进的。

第二个问题解决不了的是财富分配。市场只能解决生产问题，但不能解决分配问题，因此在市场制度下必然导致贫富差距越来越大。我们可以看到“占领华尔街”的运动波及美国各地，甚至欧洲都有响应，说明人类追求平等是一个永远的主题。而这个目标仅依靠市场无法实现，只能依靠市场之外的力量。什么力量能解决财富分配问题？一方面是政府的力量，另外就是非政府团体的力量、NGO 的力量、民间社会的力量。

第三个问题是环境破坏。环境破坏本身就是市场造成的。市场制度的设计并没有考虑到人类活动对环境的影响以及环境的承载力；而市场的发展常常是以牺牲环境为代价的。因此，市场无法解决这个问题，只能依靠政府和非政府组织。

我相信，随着我们不断努力，在未来的一两百年，人类在这三个问题上都会有重大发展。

第二个问题：当前中国发展到什么阶段，面临什么问题，如何解决？

中国已经历经了 30 年的改革开放，那现在我们发展到了一个什么样的阶段？我们往往把 30 年的改革看成一个阶段，其实这不是一个简单的整体阶段。中国是一步步地变化、改变，30 年前跟现在有非常大的不同。我想把这些不同一一列举出来，从而对当前中国的情况有比较清楚的认识。

第一个不同是农民工的变化。改革开放刚开始的时候，几亿农民进城打工。这几亿农民在农村是吃不饱的，他们进城打工首先能把肚子填饱了；他们在农村一年也不过赚一两百块钱，现在进城打工一个月就有几百块钱。所以他们相当于从奴隶状态进入到市场状态，觉得好得不得了，吃饱了饭还有钱拿，所以再苦再累的活也愿意干。但是30年以后，如今进城打工的农民已经不再是吃不饱的农民了，而是“80后”甚至“90后”的年轻人。30年前的农民工没有多少文化，但现在的农民工则具有相当的素质，受教育水平相对较高，一般是高中毕业或至少是初中毕业；很多人会用互联网搜索信息学习知识。这使得他们不仅知道中国的新闻，还知道一些外国的情况。同时他们的权利意识也越来越强。这些变化使得我们劳动力的供给、目标和生存条件都发生相应变化。

第二个不同是国有企业的变化。30年前，中国基本没有民营经济，全都是国有企业，而且那时的国有企业绝大部分都是亏损的。国有企业的亏损就变成国家的财政负担。政府为了解决财政负担，把这些国有企业卖掉了，因此我们才有大规模的私有化。现在中国超过一半的企业都是私有企业。但现在我们的国有企业已经不再是亏损的了，而是凭借垄断地位获得超额利润，成为盈利丰厚的大型企业，例如通讯、石油、金融、电力等垄断行业。中国每个大城市里最漂亮的建筑都是这几个行业的资产——金融业、石油业、电力行业、通信业。因此，现在进一步的民营化就显得非常困难，因为国有资产已经成为政府的摇钱树。

第三个不同是社会不平等的加剧。改革开始时中国的政治目标是拨乱反正，而现在的政治目标是稳定压倒一切。目标的变化影响和促进了许多政策方面的变化。与30年前相比，最重要的变化是现在出现了非常强大的稳固的利益集团。这些利益集团有政治上、经济上的特权，是中国的特权阶级。经济上的利益和政治上的特权又使他们形成了非常牢固的结构。中国要进一步往前走，不打破这个特权阶层是很难有前景的。由于有了这样一个牢固的特权集团，社会垂直流动性变得非常薄弱。30年前社会垂直流动性非常大，例如很多人靠“跑单帮”发了财，本来是一个穷光蛋，一下就变了万元户。那时候有些受压迫的人，例如“五类分子”和他们的家属，劳改释放的人，成为最有活力的一个群体，有很多机会发家致富。现在呢？社会的垂直流动性变得很小。大学毕业生要找好工作都要靠关系，即使有好机会当了公务员，可是还得熬个十年八年也未见得能熬到一个科长。垂直流动性决定了一个社会有活力或者没有活力。收入差距不扩大当然更好。但是如果有很好的垂直流动性，收入差距就不完全是一个坏事，因为这种差距能够鼓励人努力奋斗提升收入。但如果没有垂直流动性，哪怕小小的收入差距，都会对社会造成很大的伤害。

什么样的经济才是好的

（2011 年搜狐财经年会的演讲）

什么比民主、法制、公平、正义更重要

我想谈这样一个问题：我们的社会在政治上、经济上，追求什么？

在政治上我们有很多目标，比如民主、法制、公平，正义。这些目标会不会互相突出，有没有一个比他们更重要的目标？我觉得有，那就是人权。讲公平，讲正义，讲民主，都必须建立在人权的基础上，如果我们忽视了人权，不管是追求正义也好，追求民主也罢，都会出问题。没有人权的民主就会出现多数人的暴政，什么叫多数人的暴政？那就是大家通过举手表决就把这个人关了、打了、杀了，每个人没有了基本保护。

我们追求公平是对的，但是这必须建立在人权的基础上，什么是人权？就是人的生命、身体、财产不受侵害，有言论自由。这些内容虽然已经写到我们的宪法里去了，但是我觉得还没有把它的地位突出到特别重要的位置。

我们回想1919年即五四运动那年，到现在已经差不多100年了，那时候提出的口号是“民主”和“科学”，100年后，我们有没有接近这个口号呢？在我看来，我们离这个目标还挺远。什么原因？我觉得当时的口号提错了，不应该是民主、科学，而应该是人权。但是在1919年的时候，人权的思想还远远没有深入人心，不像现在，我们宪法都写上了人权。那个时候对于人权的重要性认识是比较模糊的，人权的重要性是在1954年联合国花费22年起草、修改的《人权公约》后，才被世界各国公认的，我国也处于这个过程中。人权的重要性是到了20世纪60年代才被全世界政府所承认的。如果我们现在还停留在民主和科学上，而不是提出人权的话，我们还要走弯路。所以追求人权应该超过追求正义、公平、民主和法制。一个没有人权的法制社会，会残害老百姓，就像秦始皇的“法制”；一个没有人权的社会，财产就没有保护。如果没有人权，法制、民生、民主、公平等都会出问题。所以今天一开始我就提出这样一个问题：一个国家在政治上应该追求什么？这就联系到五四运动提出的口号。

财富生产与合理分配

我们在经济上追求什么？作为一个经济学家，我觉得在经济上我们有两大追求目标：第一个目标就是更多的财富生产；第二个目标是财富的合理分配。财富生产出来后，如何分配？分配得不合理那就不是一个好的经济状态，什么叫合理？是不是每个人拿得一样多，我看这不算合理，反而会使社会状况更糟糕，但是也不能够使贫富差距太大，什么叫合理？这个问题在经济学、政治学、社会学上都没有明确的解答。但是财富怎么更多地生产，这个是有办法的，经济学就是研究财富生产的，我们有很多办法提高社会财富的产出效率。

财富不一定是劳动创造的

从财富生产讲，我觉得全世界没有哪一个国家比我们更成功，与全世界财富增长速度比较一下，我们确实是第一，非常了不起。我们从一个连温饱都解决不了的贫穷国家，超过日本，成为全球第二大经济体，这是不可想象的。我经常说，如果一个人 30 年前睡过去，今天醒来一看，会以为到外国去了，中国整个面貌都改变了。因此，我们说我国财富生产解决得非常好。但是财富的分配就存在相当大的问题了，分配太不平均，太多的财富分配给本来钱就比较多的人，低收入的人分配到的比例反而比较小。因此，贫富差距在不断扩大。

全世界很多贫穷的国家很想学中国的经验，让我们教教他们，但是我们是否讲得出来？当然我们在总结 30 年的改革经验的时候，有许许多多的文章讨论我们改革为什么成功，但是我觉得还是没有说到点子上。最重要的一个问题就是财富如何增长？以往我们常说，财富是靠劳动创造的。如果用这个学说来指导财富生产，那就完全失败了。依照这个原理，想要发财就必须多劳动，而改革 30 年来，劳动量是不是多了几十倍？不是的，我们不但没有增加劳动量，反而比过去少了，那么我们通过什么样的方式创造了财富？

首先，我们要搞清楚什么是财富？我们仔细想想，在老百姓中间对财富的看法千差万别，哪些是财富，哪些不是财富，比如农民种小麦，这个是不是财富的创造？多数人认为是。而从广东运香蕉到北方卖是不是属于创造财富？在改革开放的时候这不算财富，运用这种方法赚钱就是剥削，所以在刚改革开放的20世纪80年代初的时候，长途贩运是犯罪的。我们今天改变了观点，生产的产品运到了美国去，大家都发财了，美国也发财了。

但是这个财富是怎么来的，为什么长途贩运财富就增加了？按理说，香蕉已经生产出了，劳动已经付出了，不管运到哪里，财富是不会增加的。这说明，如果要懂得财富创造，我们就必须放弃劳动价值论。这个东西便宜的时候买进来，贵的时候把它卖掉，赚钱了，这个钱是创造了财富还是剥削的呢？这个问题到现在可能还是存在争议的。

此外，银行也赚了很多钱，银行存款一年定期的利息是3%，银行把这些钱借出去就变成了7%、8%。它也没有劳动，银行做的就是在计算机上调动一些数据，它是不是创造了财富呢？我问过学金融的同学，说经验是否创造财富，他说创造财富，我说这个财富是怎么创造出来的？他说我们把钱借给了一个项目，这个项目做得好赚了钱，这就是通过金融业赚的钱。我觉得是错的，这笔钱是通过项目赚的，项目的人组织好把它实施了，把钱赚到了，这不是你金融业创造的，金融业怎么创造财富，金融业跟把香蕉运到北方去是一样的，金融业是把钱从生产效率低的地方移到了生产效率高的地方，金融业赚的就是 8%减掉 3%，其中 5 个百分点是它创造的。在座的各位有学法律的，你们知道中国刑法 175 条就认为转贷套利是犯罪的，可见我们国家在财富的创造上非常成功，但是在理论上到现在还糊涂得很。

这里面有一个根本的问题，就是大家对虚拟经济的认识还有问题，认为虚拟经济赚的钱是空的，而卖粮食赚的钱是实的。在我看来，虚拟经济赚的每一块钱都是跟生产小麦、把它卖掉赚的钱是一样的。其实很容易证明，他种了小麦把小麦卖掉了，拿了 100 元，银行通过套利也赚了 100 元，上面没有写是通过什么方式得到的，但是一样能买东西，所谓的虚拟经济只是还没有兑现的一份经济，但它是可以兑现的。没有兑现，这个钱在账上，刚好又是虚的，但是你随时随地可以把它兑现，一旦兑现就变成钞票了，这张钞票跟卖粮食的钞票是一样的。不管是劳动创造、投机创造，还是投资创造，大家都想赚钱，不管是虚拟经济，还是实体经济，赚钱就对了。所以中国人大家都忙着赚钱，你赚的每一分钱就是你创造的，这个力量非常大。但是这也有负面的效应，就是大家把钱看成了最终目标，把钱渗透到各个方面，官位可以买卖，人也可以买卖，在这个社会，钱确实赚到了，赚得非常成功，全世界第一，但是矛盾也就多了，大家就只知道发财。

财富如何表示？质量如何衡量？

财富的创造用 GDP 表示，一年的 GDP 就是全国人民一年里面所创造出来的财富总量。此外，GDP 还有一个被很多人忽视的质量问题，在我看来，它至少有五个质量指标，第一个质量指标就是财富如何分配，如果你分配得比较平均，这是一个好的 GDP，如果你分配得歪曲，更多地分配给了富人，这就是质量差的 GDP。

第二个质量指标是经济有没有泡沫。我觉得现在的房地产是有泡沫的，房子本来不该这么贵，而现在以如此高昂的价格卖掉后，GDP 就增加了，但是这个 GDP 里有泡沫。

第三个是有没有通货膨胀。如果有通货膨胀这个 GDP 就是低质量的，通货膨胀是可以吹出 GDP 来的，跟泡沫一样。通货膨胀也可以刺激经济，把经济搞上去，然而是通过通货膨胀搞上来的。

第四个是有没有环境保护。如果靠损失环境带来的 GDP 增长，就等于欠了子孙后代的账，修复这个环境会让他们付出更大的代价，这不是真正创造的财富，同时也浪费了很多资源。

第五个指标就是就业情况。在美国，衡量经济好坏是看就业的，而我国只看 GDP，这是我国和美国最大的不同。美国现在不说 GDP 增长率怎么样（其实美国 GDP 增长率已经完全恢复到正常），而是看就业情况，正常失业率是 5%，而目前美国失业率还在 9%，因此美国不认为它走出了困境。而我国连一个就业指标都没有，我们登记失业率并不反映真实的就业情况，所以地方政府、中央政府拿来考核成绩的就只有一个 GDP 指标，没有一个就业指标。GDP 我们要追求，但是保障质量也是至关重要的。

看看我国这五个质量指标情况如何？失业率很高，环境破坏严重，财富分配不合理等。为了纠正这些问题，宁可牺牲一点 GDP 的增长也是值得的。所以在中央政府的下一个五年计划中 GDP 目标是 7%，为什么要降？降不是目的，提高质量才是目的。比如要保护环境，就要关掉很多厂；要公平分配，就要征富人的税。但是如果 GDP 增长率降下来，质量又没有提高，这又有问题了。

财富如何合理分配?

经济学追求的另一个目标是财富合理分配。财富的分配什么算最好？这无法证明，发达国家累计所得税的税率非常高。但我们国家很难做到向富人征税，我国 80%~90%的富人是逃税的。这和我国市场经济状态相关，它追求财富生产而不管别的，所有的事都要服从财富生产最大化。

市场经济是没有剥削的经济

什么样的分配方式最有利于财富的生产，就采取什么方式，创造多少财富就拿回多少，这可以充分调动财富创造者的积极性。反过来讲，如果有这样一种制度：你创造的东西被别人拿走了，你就不想创造了。所以最有利于财富创造的是自己创造的自己拿回来。市场经济就是这样，没有剥削也没有被剥削。

人类社会选择了市场经济，就把剥削消灭掉了，如果是自由交换就不可能有剥削。如果资本主义有剥削，那资本主义应该是很穷的社会，他怎么富得起来呢？现在我们走向了市场经济，明显感到生活比以前有了很大的改善，这是怎么回事？

不光是中国，全世界都是一样。假如我一天创造 100 元财富，资本家剥削我 30 元，给了我 70 元；另外一个资本家看到这种情况，他会说我只要剥削你 20 元，给你 80 元，我就到他那里去干；第三个资本家说，我剥削你 10 元，给你 90 元，有竞争的情况下怎么有剥削呢？竞争的结果就是我必须把我创造的东西拿回来，当然这是在企业有盈余的情况下。

比较一下企业赚钱的方式，改革以前工人、农民通过劳动创造了财富，改革以后，工人、农民还劳动，也创造了财富，区别在哪里？区别在于企业家的作用。它把各种要素最好地组合起来，人员技术、原料、市场，把各种要素最有利的，用低成本的方法组合起来，生产出质量好的产品，把它卖到价钱最高的地方。这不是工人、农民干的，是企业家干的，它赚的钱就是这部分，它可能用错了一个组织方法就亏本了，但是工人、农民的工资照样要发，不管从理论上和从实践上都证明，雇佣关系不是剥削关系。如果我们说剥削关系不合理，怎么解决？以前我们有一种解决办法就是公有制，当然私有制是有它的矛盾的，但是公有制的矛盾也是存在的，苏联等几十个国家实施公有制失败的案例证明了这一点。

政府、民间力量可调节财富分配

刚才我讲了，市场经济的分配原则是财富生产的极大化，你创造多少就拿回多少，因此有非常大的动力来创造财富。不管你是用什么样的方法来赚钱（当然不能违反市场规则），无论是投机、低价买进高价卖出、银行套利，还是挖煤，只要赚钱就是你创造的。但是在这个过程当中，有的人创造财富的能力非常强，有的人非常弱，所以差距就出现了。但我们不能够放任自流。

西方国家都有所得税，进行二次分配，一次分配是在市场上分配，它的分配率就是你创造多少，就拿到多少。姚明赚了 1 个多亿，这个钱是剥削的吗？是大家乖乖地给他的，他也没有权力说你要给我多少钱，但是他创造财富的能力非常大，而我们普通打工的工人一年甚至都赚不到两万块钱，这个贫富差距就因市场分配出现了。因此，我们要用市场以外的力量来调节分配，如通过政府的力量征收所得税，或者通过民间的力量——各种慈善、公益事业向富人募捐善款等。

效用亦可测量收入差距　住房差距最大

收入差距用什么测量？用货币测量。但是我们也可以用另外一个方法来测，在经济学里面叫作效用，也可以把它换成普通意思，就是享受，钱多不一定享受就多，为什么？因为钱对于享受有一种效益递减的规则，你钱很多的时候，你买到的额外的享受是很少的，你钱很少的时候，你那点钱能买到很大的享受，但是你钱越来越多，多到后来那点钱买到的享受微乎其微。所以从货币看，它的差别很大，但是从享受来看，它的差别就不那么大了。比如说，有钱人买个手表花一两万，甚至十万，没钱人花二百元买一个手表也很不错，那么多的钱买了多少效用，那个表可能好看，有钻石，但是那个钻石给你多少享受，这就说不太清了。衣食行用上，都是同样的道理。

但是在住上，有钱人和没钱人是不一样的，住的房子是不一样的，一年能挣一百万、挣一千万的人住的房你肯定想象不到。你们看到故宫，过去皇帝一个人住这么大的房子，有很大的花园，住得非常好。有些大款确实住得很好，我看过比尔·盖茨家的照片，有很大的图书馆，有电影放映场，还有收藏馆，豪华得不得了，这种差别从古以来最典型的表现为人和人之间的区别，自从地球上有人类组织以后住的差别就出现了，不管是东方、西方，住的差别就是大。

所以住房的不公平是人类社会不公平的集中体现，就拿比尔·盖茨的房子来说，这么大的房子里面没有几个人，但是贫民窟里面一个房子住的人非常多，这显然是不公平的，这个状况会有所改善，这个做法就是要靠市场之外的力量，要靠政府或者慈善机构为他们提供保障房，但是要完全消灭是不大可能的。

经济适用房没效率、不公平

总体来讲，近几年政府用了很多心思，建了公租房、廉租房等，有城市户口的人住的问题确实有很大的改善，但是仅限于户籍人口，外来人口一点都享受不到。我觉得这个政策是有问题的，是不公平的。现在保障房政策瞄准的目标是错误的，我昨天在东莞跟当地管房地产的政府同志们交流，他们不管外来人口，只管户籍人口。目前，户籍人口住的问题基本上解决了，但是政府还要拿钱出来，还要继续为户籍人口服务，我觉得这是个非常糟糕的政策。所以我反对经济适用房，这是我一直反对的，经济适用房第一没有效率，第二不公平。

什么叫效率？财富的创造就是效率，什么房能创造财富？商品房。经济适用房不是一个商品，它不能创造财富，这里面涉及经济学最基本的道理，就是双方同意的交换必定创造财富，比如种小麦，要把小麦卖掉以后才有财富，你必须要交换才能有财富，交换是双方同意的交换，而不是强制交换，既然达成了交易双方就觉得对自己有好处，就是财富的创造。

这个道理逻辑上是很简单的，但是如果你真要把它想通，还不是很容易的。但是也有一个例外，就是外部性，如果没有财富创造，一方赚一方就得赔，就像赌博，赌博不可能每人都赚。现在交换是人人都赚了，买方赚，卖方也赚。譬如说一匹布换一头羊，以前我们的解释是生产一匹布的时间和生产一头羊的劳动时间相同，所以就可以交换，但是大家想想，既然花的时间是一样的，为什么还要拿我的羊去换他的布呢？对对方来讲也是一样的，这样等价交换就没有什么目的了，恰好交换是双方都赚，这个东西我们要是想通了，就是了不起的事情。

所有的交换毫无例外，一个商品，比如我买一个面包，面包房和我都赚了，因为一个面包在他手里面只值8毛，在我手里值一块钱，因为我有需求，如果没有这个特点，交换不可能发生。所有的交换中最复杂的一个交换就是企业的并购，把一个企业卖掉，为什么？因为原来的老板对企业的估价低，新的老板对它的估价高，这个买卖就达成了。所以一个商品能够交换，就是不同的人对它的估价是不一样的。交换的双方具有各自的优势，交换就是把各自的优势发挥出来。

因此，归结到商品房就是，买房的人和卖房的人都赚钱，现在我们来看，全中国盖的这么多房都是财富，商品房市场不是计划分配。以前我们人口增加，但是住房没有增加，有了商品房以后，住房市场化以后，全国老百姓的住房条件极大地改善了。

现在的商品房市场出了什么问题呢？我觉得一个最主要的问题就是管理上有泡沫，空置房非常多。有很多人说房价高就是开发商抬上去的，这是完全错误的。主要还是因为房子供不应求，所以房价才被抬上去了。产生这种现象的根本的原因就是大家手里面钱很多，这就跟我国收入分配不合理有关。富人的钱非常多，这些人手里面有钱没有别的用处，他就买房，而且现在房价看涨，可以快速赚钱。大家都来买房了，房价就越来越高了。

也许有人会说，房价高是因为土地出售价格高造成的。商品的成交价一定是在需求线上的，地价为什么高，因为房价再高也有人买，房价高完全是地价高造成的，因为房子砖瓦结构不值多少钱，就是土地贵，为什么那么贵的土地房价那么高还有人买？就是需求高。成交价一定是在需求上的，如果老百姓不买，地价也上不上去。如果土地价格降低，房价确实会便宜。现在问题是政府垄断土地，农民的宅基地不可私自买卖，政府限制了土地的供给，制造出各式各样的红线来限制，就把价格顶上去了，如果敞开供应，房价就可以降下去。

怎么彻底解决高房价？

让有钱人有机会做其他的投资，而不是买房，这个是解决房价高的根本办法。可是现在能赚钱的行业都被国家垄断了，通信行业、电力行业、石油行业都能赚很多钱，特别是金融业能赚大钱，但老百姓的钱进不到那里面去。

我给大家举一个例子，现在政府开了一个小口子，就是私人资本可以办小额贷款公司，现在有 2300 家小额贷款公司都是私人资本，资本达 2000 亿。大家想想，这些人拿这些钱去办小额贷款公司了，就没去买房。相反，如果没有门路，他就很有可能去买房，这样一来，房价就更高了。小额贷款公司现在不能吸收存款，他们将来可能吸收存款，或许最后也能套利。我们的银行差不多都是国家办的，而美国的银行全都是老百姓办的，我国可以让外国人来中国办银行，而中国的国民却不可以办银行。民营经济 36 条出了两次了，里面都谈到要开放能赚钱的行业给民营资本进入，我觉得这个是对的，问题是没有落实。如果能够把社会的钱引导到赚钱的行业里面，房价肯定会降下来。但是现在政府的办法是采用限购的办法，我认为这个办法也是不可行的。

第一，因为老百姓手里面的钱还在，你不让他买，他可能去炒股，随后股价也就上来了，而把他的钱变成金融业的资本，就可以改善整个金融业的状态，可以改善资金配置的效率。迫切需要资金的民营企业借不到钱，愿意出20%的利息率还是借不到，而银行把钱以5%~6%的利息借给国有企业，而这些企业还有可能赚不到钱。财富怎么创造？当然首先要有生产，通过劳动进行生产，但是除此之外还要有交换，交换就是物尽其用。金融业就要人尽其用，物尽其用，钱尽其用。

目前，我国经济上重大的问题是总需求不足，特别是需求的结构有问题，总需求就是我们的财富生产出来之后谁拿去用了。这包括三部分：一部分是出口，出口我们生产出来的财富，包括商品和服务；第二是投资，通过储蓄变成了投资；第三就是消费，大部分的财富应该用于消费，但是我国的居民消费部分不到40%，其他国家消费部分占GDP的60%~70%。

怎么纠正这个问题？要鼓励老百姓多花钱，现在老百姓要买房，你不让它买，就跟你的宏观目标相悖，在北京不让买车，那么他的钱用来干什么。你微观上不让人买，宏观上又叫大家去买，搞经济学的人都知道，我们要鼓励内需，但人家要来买你又控制，这种做法到底是反对还是赞成呢？而且现在拿户口来限制，我觉得这个是倒退的，户口这个东西在全世界只有极少数国家才有。不让购买就是侵犯了消费者对钱使用的权利。

高利贷的合理性

金融业怎么创造财富？人尽其用，物尽其用，钱尽其用。钱怎么尽其用，你把它用在最需要的地方，什么地方最需要？那就是出价最高的地方。我觉得人们对高利贷的普遍看法就非常有问题，全世界的政府、宗教组织全都反对高利贷。为什么政府和宗教反对呢？因为政府要装出一副主持正义的面孔，穷人是需要帮助的，他还不起钱你应该站在他那边说话。

但是世界银行对小额贷款的研究，肯定了高额利息是合理的，他说高额利息有利于穷人，真正的穷人拿不到低息贷款，有关系的、有权势的人把这些利息拿到了。现在把高利贷开放后，大家都去放高利贷，高利贷利息就低了。同时这其中有质量的区别，你拿国家的贷款三个月都拿不到，这就是成本，但是农村的小额贷款不到一个礼拜就可以拿到钱，它不需要抵押，不需要担保，这就是高质量的贷款。如果有一个高质量的贷款，利息就应该高一些，随时随地拿到钱，不需要抵押，还款很方便，所以利息是跟质量相关联的。

换个角度思考

大家觉得什么最重要？消除贫困非常重要，治疗艾滋病非常重要，应对气候变暖非常重要，避免打仗死人非常重要，一个国家不能没有人权也非常重要，但是更重要的还是战争问题。在冷战时期，苏联集团和英美集团对峙，大家花了很多的钱，死了很多的人，最后苏联集团垮台了，冷战结束了，现在变成俄罗斯，俄罗斯和美国没有冷战，虽然现在有些疙疙瘩瘩的事，但是跟原来的冷战不一样了。现在战争的危险还是存在的，特别是核武器，这次日本海啸造成的灾难就是一个警告，核武器从“二战”以后就没有用过，但是拥有核武器的国家甚至一些团体越来越多了，这个对人类是极大的威胁，不光是核武器，所有的武器都是威胁。

我们如果换一个角度看问题，也许大家会同意。刚才我讲冷战结束的时候，苏联垮了，美国没有垮，美国那个时候应该带头裁军，他完全有条件，但是当时美国领导人错过了这个机会，我想现在的奥巴马心思就多一些，裁军一定是均衡裁军，大家都裁，那么谁带头？我觉得是美国带头。

我就讲了一个道理，就是看问题的重要性。是否裁军不光只看美国，要看世界，要换一个立场来考虑。仅仅换了一个角度，用不到新的观察，用不到新的计算，你就会看到新的问题。以地球为中心，你看到的是地心说，在哥白尼以前，人类是用地心说的，哥白尼换了一个说法，即日心说，谁的是对的，是日心说。大家知道哥白尼发现日心说的手稿不敢发表，到他死了以后才敢发表。在自然科学里面都这么难，更何况社会科学？

再比如什么叫自由？站在我的立场上看，自由就是我想干什么就干什么，但是你换一个别人的立场，你就会发现情况并非如此，我想干什么就干什么，把其他人的自由就干涉到了，每个人都生活在一个没有人烦扰的自由生活中，这才是真正的自由。

所以换一个立场看问题，可以让我们得到很多新的知识。但是我们现在学校的教育就是给你一个角度看问题，尽量避免你用一个新角度看问题，所以只要一裁军你就会反对，因为你只看到中国，没看到全世界。中国人为什么得不到诺贝尔奖？中国人口这么多，一个奖都得不到，并不是中国人笨，原因是我们不会从根本上看出新问题来，就是你有了一个固定的角度，固定的立场，你永远看不到新问题，你永远在地球上看太阳在转，但是你永远想象不到你站在太阳上看一看，所以大家要换位思考。

问答环节

要以人权为基础

提问：您前面提到了人权观念，人权和追求正义、追求公平、追求法治之间的关系，我没太明白。这两者之间到底是有一个包含的关系，还是仅仅是人权处于一个比较重要的位置？

茅于轼：我的想法是很不成熟的，我的想法是人权应该是最基础的，你追求正义，必须在人权的条件下来追求，追求公平、正义都首先要有人权，所以如果你放弃了人权，搞民主就没有多数人拥护，搞法治就是变成秦始皇的兵法，所以一定要以人权为基础。我的想法不一定对，仅供大家参考。

创造多少　拿回多少

提问：茅老您好！您的讲座中提到一个观点，最佳的分配方式应该是创造多少，拿回多少。我的问题是，如何保证公平性，保证这一点得到实施？

茅于轼：我再说明一下，为什么市场能够使得你创造多少就拿回来多少，这是有条件的。一个条件是信息是非常充分的，大家彼此都非常了解，不存在欺骗，不存在隐瞒，这个时候你的创造就能拿回来；第二个条件是它是在一个静态的条件下的分配，而不是说今天到明天的变化，因为这个变化会有很多外部因素。在静态稳定的环境中，而且信息是充分的，你所创造的多少你就能拿回来多少，但是动态的情况下不是这样的。另外这里说的只是对于市场分配，官职分配不是市场分配，官职分配叫计划分配，当官值多少钱，工资多少，这不是市场的结果，市场决定工资的收入是根据你创造多少来决定的。

买房的前提是靠自己赚钱

提问：在新加坡，如果夫妻双方一个月的工资不超过一万元新币，就可以去买政府造的房屋，但是如果在中国不实施经济适用房或是廉租房这种策略，很多人都没有能力买房。这种情况怎么理解？

茅于轼：新加坡的问题我不说太多，我不知道新加坡政府的钱是从哪里来的。但中国政府的钱是老百姓的钱，怎么可能让政府帮我买房呢？所有的房子都是由成本盖起来的，这个成本是谁出的？还是老百姓出的，所以普通人买房只能靠自己，不可以靠政府。

低收入者的住房可以靠政府，这个是有道理的，因为我没有一个起码的居住条件，但是只限于最低收入。我们为什么现在说赶上日本了，但是日本的人口是我们的1/10，它的人均收入比我们高10倍，我们有没有可能赶上日本人均收入，那完全可能。日本又没有煤，又没有铁，连粮食都要靠进口，为什么日本富了？他把一切浪费都消灭掉了，东西用得最好，人尽其用，物尽其用，钱尽其用，我们还没做到。更不要说学美国，日本跟美国还差好几倍，这么大的空间我们完全可以赶上去，我们希望继续改革开放，提高效率，每个人赚更多的钱，这是买房的前提性。

土地只拍卖不招标背后

提问：茅老师，很多人说，房价这么高的根本原因是土地国有，请问您对这个问题是怎么看的？

茅于轼：我对土地问题也没有专门研究的，因为这是一个非常复杂的问题。我刚才讲了，土地由一家供给，肯定是房价高的原因。

我写了一篇文章讨论拍卖和招标，我们知道拍卖和招标都是市场行为，都是资源最优配置的方法。但是拍卖和招标的结果是不一样的，拍卖的结果是把价钱抬上去了，这个东西我要卖，谁出的价钱高我就卖给谁。招标是相反的，招标是把价钱压下去，我要买一个东西，谁低我就买谁的。我们的土地现在只有拍卖，没有招标，因此土地价格就非常高。

土地可不可以招标呢？我认为是可以的，比如我是一个开发商，我需要一块土地，大家来竞标，谁有土地，谁的价钱要得低我就买他的。拍卖是有竞争的，所有的开发商都是竞争者，政府拿这块地出来拍卖，大家叫价把价格抬上去了。但是他们不会开一个招标会，谁出的价钱低我买谁的，因为土地只有一家供给，单独的垄断供给价格就上来了。

大家都知道，大宗商品、黄金、石油、粮食这些东西，它都是拍卖和招标同时进行的，它有一个报价中心，拍卖和招标同时进行，最后决定了价值，就是经济学里面需求线和供给线的交叉点，这个点是最有效的，既是拍卖的结果又是招标的结果，是物尽其用的结果。

未来劳动力将减少

提问：茅老，你好！我想问一个有关人口的问题。在目前人口素质提高很缓慢、产业升级转型很缓慢的背景下，我国应该推行什么样的人口政策？

茅于轼：你的问题是人口多，升级慢，应该推行什么样的人口政策。我给大家一个数据供大家想一想，在1980年全国有1.5亿小学生，2008年全国有小学生人数1亿，减少了5000万，在这30年里面，人口增长了38%，小学生减少了1/3，这是什么问题？中国的儿童没有失学，100%都上学，小学生减少就是因为适龄儿童减少，这就说明我们马上面临着巨大的劳动力短缺的问题。这些小学生现在其实已经上大学了，不是进了中学就是进了大学。现在大学已经面临招生困难的问题，很多民办学校办不下去，招不到生，他们再长大一点就变成劳动力了，将来劳动力非常短缺，所以从这个角度来看，我觉得我们的计划生育搞过头了，人口迅速老龄化，劳动力的人口在减少，小学生人数减少就是劳动力在减少，劳动力减少就会面临巨大的困难。

拆迁后农民如何生存？

提问：茅老您好！我想代表我的父老乡亲问您一个问题。最近在土地流转过程中，山东、河南、河北有一些农民被迫让出土地，让出他们的宅基地，并以远远低于市场价格的方式获得住宅。但是他们缺乏技术，因此就没有工作，虽然他们住着令人羡慕的住宅，但是他们必需的生活来源怎么办？应该怎么做来规避这种风险？

茅于轼：中国的农民占的比例挺大的，占了一半，发达国家的农民只有5%左右，这就意味着有大量的农民要放弃土地，这是一个大方向。怎么使得他们能够放弃土地之后有一个良好的生活，这个关键问题就是靠我们有多少就业的机会给他创造，所以我想这个问题的回答就是，我们要创造更多的就业机会帮助农民，否则的话，老是怕农民丢了地生活没有保障，我们这一步就迈不出去了。所以大方向是让农民进城，改变农民身份，最后让农民在人口中占的比例大概是5%左右，肯定是10%以下，办法就是尽量给他创造就业机会。

房价财税体制的重要性

提问：茅老您好！非常感谢您今晚给我们做的演讲。我想问您，怎么看待现在的房价财税体制改革在中国房价上的重要性。

茅于轼：房价有关的财税体制一个是征收房产税，这个可以抑制一点买房的需求。但是我觉得这不是最好的办法，最好的办法就是你在买卖房所赚的差价里面征收很高的所得税。你买进房子的时候比较便宜，卖的时候很贵，房价为什么涨了，因为当地经济的发展，或者因为当地修了地铁，因此对于房价上涨，你的贡献是很小的，所以要收你的税，就是在房价所赚的钱里面收税。这个办法是减少购房的一种办法。

还有一个办法，就是对于买了房不用的，对空房征税，你不出租我就征你的税，因此那些空房的房主把房子租赁，如果没有人住，他就要交税，于是他就会求人家来住，这样对低收入人群就有非常大的好处，而且可以防止房产资源浪费。我们说物尽其用，实际上用这种方法可以降低租价。

另外，政府拿多少钱来建廉租房，我觉得不是一个比例的问题，而是一个当地政府对资源最优配置的问题。因为所有的收入，各种各样的收入，卖土地的也好，征的税也好，统统混起来，要把这笔钱用得最好，而不是说这笔钱就干这个用，最好的做法是放在一起，然后以最优的配置方式来配置这些钱，把这些钱配置得最好。

高利贷面临风险与挑战

提问：茅老您好！我的问题与民间融资有关。民间融资没有强制力，所以它面临很大的道德风险以及逆向选择的问题，譬如一定要把自己的贷款放到自己熟悉的、一定区域的人那里。这样一来，他的成本是很高的，发展的范围和前景也相对有限。请问您是怎么认识这个问题，应该采取怎样的措施促进其发展？

茅于轼：我感觉有非常大的空间，不仅仅是你说的可靠不可靠的问题，我们不妨看看在民间借贷方面做成功的人，他们有很多经验。

我有一个朋友专门做民间借贷的，他写了两本书，讲民间借贷怎么做的。我举一个例子，你把钱借给一个可靠的人，这个人的手机号码如果老换，就代表这个人不大可靠，如果他十来年连手机号码也不变，你就比较放心一点。还有很多方法来判断一个人有没有信用，是不是会还款，比如说万事俱备，只欠东风的人，你可以把钱借给他，他其他的条件都有了，如果他还缺两个条件，你的钱还不能借，你把钱借给他，他的事情可能还办不成，肯定你的钱还还不了。什么时候可以借钱？就是你的钱一借给他，项目就启动了，这个就是可靠的人，还有你可以派会计师到他的企业里去监督借款的使用等，有很多的办法。

民间智库：夹缝中求生存

（2011 年，《中国经济时报》）

面对日益复杂的国际形势，并且随着中国进一步参与全球化、政府职能和执政理念的转变，政府在制定政策的时候越来越愿意倾听智库的意见，中国的官方智库和民间智库数量快速增长。根据美国宾夕法尼亚大学国际关系项目副主任、智库和公民社会研究项目主任詹姆斯·麦肯与其团队在 2011 年 1 月发布的《2010 全球智库报告》，目前中国已是全球智库数量第二多的国家。

在快速增长的中国智库群中，官方智库占据的数量高达 95%，这与智库多为民间组织的美国刚好相反。从 20 世纪 90 年代起，中国经济研究中心、北京天则经济研究所、世界与中国研究所、北京大军经济观察研究中心等中国民间智库纷纷出现，但发展一直受到限制。

“中国智库在政府决策中发挥的作用并不大，因为我们的决策机制不够科学，万里委员长大概在 20 年以前，就提出科学决策。到现在为止，还不是科学决策，现在依然是领导决策。中国政府在进行决策的时候，不太考虑智库的影响，我们现在的决策方式、过程都很不透明，所以无论是官方智库还是民间智库，对决策层的影响都很有限。”被外媒评为中国第一民间智库——天则经济研究所理事长茅于轼在接受《中国经济时报》记者专访时表示。

中国经济时报：据清华大学公共管理学院相关统计资料，中国的智库机构数目前约为2500个，而民间智库占5%左右，仅为120个左右，并且多数默默无闻。中国民间智库的发展与官方智库相比，有哪些劣势和优势？

茅于轼：中国民间智库的影响力确实有限。因为中国政府并没有很支持民间智库，甚至对民间智库还会有一些限制。中国的权力很集中，“文革”以前一切事物由政府包办，现在有相当大的变化，但是基本的姿态没有变，政府还是要包揽一切。就比如在国外，政府是不做慈善的，慈善是给民间做的，而我们政府就做好多慈善，中华慈善总会、红十字会，都是政府办的，老百姓要办一个慈善机构非常非常困难。

民间智库与官方智库相比，最大的劣势是经费紧张。智库与企业一样，都需要有消费者，智库的消费者多半就是政府。美国的智库可以把他们的研究成果卖给政府，但我们的政府并不喜欢独立的民间智库，我们没有办法把成果卖给政府。

我们天则所现在年收入已经超过了400万，但与其他民间智库相比，天则在资金来源方面还是比较弱的，处于中等偏下的水平。有些民间智库年收入能达到千万，北京大学中国与世界研究中心收入甚至更多。

在对政府决策的影响上，官方智库比民间智库起的作用要大，但也是有限的。官方智库相对于民间智库的独立性是比较差的，因为它们是拿政府的钱，所以它们要看政府的喜好，如果它们跟政府作对，那资金来源就断了，实际上官方智库变成了政府的附属机构。

民间智库相比官方智库来说，优势在于其独立性较强，不受政府、企业的影响，可以凭借自身的专业知识发表意见，有自己的研究，有自己的声音，这是民间智库的价值所在，也是民间智库之所以能够生存的根本原因。但是他们在经费来源，信息渠道，传播深广等方面都相对有劣势。

中国经济时报：根据《2008 全球智库报告》，九鼎公共事务研究所排名第 15 位，天则经济研究所排名第 22 位，均入围亚洲智库排名前 25 名，但根据其《2010 全球智库报告》，中国并没有民间智库进入亚洲智库前 25 名，这是否说明民间智库的发展不尽如人意？

茅于轼：仅从几年的排名是看不出智库发展的状况，要从长期来看智库对社会的贡献，这个周期比较长。但民间智库的发展确实很艰难。

以天则所为例，每年都会受到经费问题的困扰，我们每年的收入还能够基本保障日常的开支，但基本没有剩余，如果收入再减少会让我们面临更大的生存威胁。我们现在的主要收入一是来源于国内外的基金会，国外的基金会提供的资金占大部分。比如福特基金会，它在全世界都有资助对象，在中国的资助差不多每年达到1亿人民币。但绝大部分都给了官方的研究机构，比如中国社会科学院大约占了70%~80%左右，而我们2010年则没有拿到福特基金会的资助。其实我们跟福特合作从20世纪80年代起就开始了，我们一直是福特基金会的主要支持智库，过去每年都能从福特得到几万美元的支持。

我们现在拿不到福特支持是因为福特资助的项目方向发生了改变，我们的研究方向是经济方面的政策，但福特最近几年支持的是社会方面的研究，比如教育、性别平等等问题，经济方面则不太支持。我们研究粮食安全和耕地保护的问题，福特只支持了我们几万元人民币，在我们研究的经济适用房的问题上，福特并没有给予我们资金支持。

另外，福特基金会在中国一开始就受到排挤，在别的国家也差不多，都会受到排挤，认为福特基金会是以资助项目为掩护获取情报的，要不然怎么愿意在中国的智库身上花那么多钱？甚至在美国国内开始运作时一样被怀疑。做公益的组织是在近几十年才快速发展起来的。

中国经济时报：《瞭望》杂志曾撰文批评中国智库专家经济预测太拙劣，中国智库，包括官方的和民间的，如何保证自己的研究的创造性和独立性？并且扩大自己在制定政策时的影响力？

茅于轼：我首先认为智库的主要方向并不在预测上，虽然我们天则所可以提供预测，但这并不是我们的主要业务，全世界的智库，不论民间的或政府的，都会存在预测不准确的现象。但我们依然需要预测，并不是看预测中的数字，而是看分析有没有道理，这是预测的价值所在。

保证智库创造性和独立性关键在人，智库要有很强的人，这些人在学术上有很深的涵养，还要有很强的社会责任感，并且有勇气，有手段在目前的体制环境下生存下来。找到这样的人才是关键，钱倒是次要的，有了这样的人，就能为智库找到生存的资金。

至于扩大影响力，天则所也一直在思考，我们现在主要是通过出版我们的研究成果，邀请各界专家参加我们的研讨会、网络传播等方式扩大影响力。有些项目，比如《国有企业的性质、表现与改革》报告在国内外反响很大，但我们做的“中国30个省会城市公共治理指数”项目在官方方面的反响却比较冷淡。其实这个评价很重要，都是来自老百姓对当地政府的评价，政府是这个评价报告的消费者，但政府却对这个项目报告没有多大的兴趣。

中国的民间智库要扩大自己对政府决策的影响力还是很困难的。比如我们开研讨会邀请政府官员参加，他们都不来，这有什么办法？另外，政府开会也不邀请我们参与，如果能够请我们参与，我们一定会去的。所以我们现在只能通过互联网、印刷品、开研讨会、媒体产生一些有限的影响。中国政府与民间智库的沟通非常有限，政府对民间智库基本上也持排斥态度。因为政府目前的重心放在维稳、安定，压倒其他不一致的声音上面。

中国经济时报：在全球范围来说，美国智库无论从影响力上还是运作模式上，都是比较成功的。美国智库有哪些经验是适用于中国智库，有哪些是我们无法复制的？

茅于轼：美国智库的发展也经历了曲折的过程，最初美国民众也不相信智库会为民众考虑。后来逐渐得到民众的认可，现在成为美国社会一个不可或缺的重要组成，并且很多政府的职能越来越多地交予民间智库完成，民间智库的性质变成“半政府”。因为民间的服务需要深入到最基层，特别是社区的服务，所以美国很多社区的服务都是民间机构在做。中国目前有些大城市也有了一些这样的民间机构，我估计这样的趋势也会逐渐发展起来。

但最基本的区别是美国与中国政治制度上的差异，这种体制上面的差异让中国智库发展相当困难。

产权改革的重要性

2010 年 12 月 29 日，新制度经济学创始人之一、诺贝尔经济学奖获得者科斯教授将迎来 100 岁生日，为此天则所等国内十余家学术机构将召开题为《科斯与中国》的论坛，为科斯教授祝寿。作为本论坛的独家网络合作伙伴，搜狐财经特此采访天则经济研究所理事长茅于轼先生，请茅老师和广大网友分享他所认识的科斯和新制度经济学在中国的发展。

计划经济时期没有企业

搜狐财经：（2010 年）12 月 29 日，科斯教授将迎来他的 100 岁生日，为此天则所等国内 11 家学术机构联合发起举行论坛为科斯教授祝寿，而天则经济研究所和科斯教授颇有渊源，请问您对科斯教授的了解多吗？

茅于轼：我对他的了解不是太多，他的主要东西我看的也不够仔细，也不够深，想的也不够多。但是他获奖的那一年，在我家里面开了一个小会，参加的人有樊纲、盛洪等，还有一些人现在已经不在了。我们一起讨论庆祝了科斯的获奖。

为什么那时候有这样一个举动？因为我们认为，科斯是对制度经济学特别是产权理论有重要的贡献，而中国正处于转轨时期，所以我们认为有必要把他的理论介绍到中国来。后来我们天则做了很多工作介绍科斯的贡献。

现在回过头来看，中国的问题还不是科斯所研究的问题。这个区别在什么地方？他是在已经有了市场制度安排的框架下讨论交易费用，讨论企业的界限、企业和市场怎么分工，这都是已经有一个市场的安排。而当时中国的情况是根本没有市场，是计划经济，从计划经济转到市场经济中所遇到的问题，跟他想解决的问题虽然有联系，但是最重要的焦点有所不同。

比如科斯讲，“只要产权明晰，初始的资源配置不影响经济决策”，这个话背后还是有一个市场制度的安排。原来的计划经济，连公有制都谈不上，企业和社会市场的界限就是交易费用的立足点。更进一步讲，那时候中国没有企业，只有国有的生产组织，企业是利润最大化的，而生产组织是不讲利润最大化的。在那个时候，科斯的作用我觉得不是针对中国所发生的问题。

搜狐财经：您的意思是说，那时中国的交易费用很高，而且市场根本就不存在。

茅于轼：不是这样的。计划经济的时候没有交易费用，只有管理成本。国家就是一个大企业，它没有谁跟谁交易，资源配置是计划的。交易费用是指交易的时候产生的产品服务之外的费用。计划经济时代价格不是分配资源的根据，价格只是记账用的。

搜狐财经：按照科斯教授或张五常教授的看法，交易费用并不仅仅是交易，更广泛的是制度费用以及人与人交往的费用。计划经济时代，这个费用成本过高，高到我们连交易的机会都没有。

茅于轼：我不这么理解，企业内部是没有交易费用，企业内部只有管理费用，由于信息不好，上下级之间沟通不充分，有很多决策错误，这是企业内部的情况。我的理解，一件事情应该在市场上做还是应该在企业内部干，需要考察交易费用。在企业内部干，它可以没有交易费用，但是它的效率是低的，因为所有的资源配置只有市场配置，效率最高。你拿到企业内部来做，它的效率降低了。比如说我要写封信，我可以到市场上找专家写，也可以请我的秘书写，这两个比较起来还是请秘书写，这样就没有交易费用了，但是我牺牲的是他不是一个专业写信的人，专业写信的可能比他写得好。所以我损失了效率，但节省了交易费用。

搜狐财经：新制度经济学的基础其实就是西方传统的微观经济学，而传统的微观经济学和您所说的择优分配原理是很像的。这两者有什么区别？

茅于轼：有很大区别。择优分配原理回答了为什么价格配置资源是最优，而且这是很严格的一个证明，而在计划经济时期，我们否认价格的作用，认为计划是最优的。我们首先要证明的是为什么价格配置资源是最优的，择优分配原理证明这一点，而且是很清楚的数学的证明方法，它引用的前提非常少，没有那么复杂的一大堆的要求，所以一目了然就把价格的重要性完全突出了。这个是择优分配原理所解决的问题，与科斯解决的不太一样。

没有产权，人权也无法保障

搜狐财经：科斯教授是非常重视产权问题的，而近年来您也很关注人权问题，那请问产权和人权有什么区别？

茅于轼：产权和人权有什么区别？我觉得人权里面包含产权。我对人权的定义是每个人都可以拥有的权利，不会发生彼此冲突的权利，特权则相反，只有少数人能拥有，而且大家都拥有就会有冲突。比如言论自由，我说什么话不会影响你的所有权。产权是什么？产权是人权的一部分，人拥有财产不受侵犯的权利，就是产权。但是我拥有一个东西，这个是一个特权，我有这个，别人就不能再拥有它了，为什么要有这个特权呢？因为要避免人跟人的冲突。你有我有，到底是谁有？对于一个具体物的产权是一个特权，之所以需要这样的特权，是因为它能避免人与人的冲突。财产权是每个人都有权利拥有产权。但只有一个平等自由的社会中才可能拥有产权，否则你的产权是没有保障的，别人很容易侵犯你而不受惩罚。所以产权是人权的一部分。这是我的理解。

搜狐财经：没有产权的话，人权也是得不到保障的。

茅于轼：我们往往没有把产权放在人权里面。人权讲的生命权、言论权等，但是我在写《产权理论》的时候把财产权放在里面。因为财产权是避免引起冲突的一个权利，人权就是为了防止一个社会发生冲突。产权就是保护个人的财产。大家都尊重别人的产权就不会冲突了。

科斯让我们认识到产权改革的重要性

搜狐财经：产权改革是中国经济改革的核心。科斯教授对中国的改革有什么促进作用？

茅于轼：在中国，改革的关键一步就是社会主义公有制改革，这个问题不是靠科斯的理论或者说主要不是靠科斯理论，因为这是一个政治经济学的问题，跟马克思的理论有关系。但也不能说完全没有用，科斯理论还是有他的用途，用经济学分析社会的成本，能够指出产权改革的重要性，保护产权的重要性，这在西方国家是得到一致承认的结论，即产权需要严格的保护。

我今天在天则所的《双周论坛》上提出一个很基本的问题：有没有一种可能，牺牲少数人的产权使更多的人得益，使全社会得益？我们常常说要代表大多数人民的利益，少数人利益可以忽略，我不赞成这个说法，少数人利益也要代表。但是你再想想，这个说法不见得没道理。我举一个很简单的例子，对于高收入人群的累计所得税，是额外对他的一种剥夺，那也是侵犯产权啊。有没有道理？我觉得是有道理的，理由是什么？你拿出一万块钱对你的损失很小，一万块钱给穷人的话他们的得益很大，钱的效用是不一样的。有钱人买个高级手表花十几万块钱，那个高级手表可以不买，你把那十万块钱给穷人解决他们的困难，全社会的收益是增大的，效用是增加的。根据这个道理，所以世界各国都有对富人累计征收所得税，这其实是对产权的剥夺。所以，产权的绝对保护不见得就是绝对的好、对全社会是好的。

这个问题引起了一大片争论，但这只是一个例子，还有更多的例子。按照这个做法，中国的基础设施做得非常好，譬如说中国修了那么多高铁，这里面肯定有很多侵犯产权的行为。有人说美国修不了高铁，因为光打官司就得打一百年。

搜狐财经：有经济学家指出，中国经济学者比较重视新制度经济学，主要是因为中国本身有巨大的制度变迁，很多人对这个变迁感同身受。这是他们关注这个学科的主要原因吗？

茅于轼：我认为这是一个原因，但是我还是要讲中国产权改革的主要根据不是从科斯而来的，还是对马克思的剩余价值理论的否定，对公有制的否定。这个事不能讲科斯理论一点关系没有，但是科斯理论重点确实不在这上面。中国改革否认了公有制，虽然现在还没有完全否认，但至少跨出了一大步，否认了剥削理论，否则这一步根本跨错了。科斯理论对这个不是直接的重要的贡献，我觉得不是。

搜狐财经：或者可以这么说，科斯教授的贡献在于让我们意识到产权改革的重要性，让我们知道这个是很重要的，可以把这个事情看得更清楚。是这样吗?

茅于轼:我同意这个看法。

科斯“太了不起了”

搜狐财经:2008年,科斯教授在芝加哥大学纪念中国改革开放30周年,您也参加了那次会议。那次会议上您印象最深的是什么?

茅于轼:我最开心的就是有四个得诺贝尔经济学奖的经济学家同时出现,这是几乎不可想象的,在我一生中也是值得纪念的,在一起开会又在一起吃饭。但是那个场合也不是一个深入交谈的场合,大家见面照相留个纪念,这个是它的意义,那么多人围着,他们说几句生活中的话,没有谈什么学术问题。

搜狐财经:科斯教授个人有没有给您留下什么印象?

茅于轼:我非常佩服他。一般人到100岁脑子就糊涂了,走也走不动了,但是他脑子一点不糊涂。虽然他要坐轮椅,但是他一天到晚还是会参加很多活动,按理说他这个岁数已经不需要参加了,但他有时间就来到我们会场来听我们的会,而且晚上参加晚宴,那都是很辛苦的事。这太了不起了。而且他看不出老来,他的脸像个小孩似的,皮肤特别嫩。

那年的会开的时间很长,差不多有一个礼拜,分析了很多内容。中国方面去了一大半的经济学家,也有在美国的经济学家,主要讨论就是科斯理论对中国改革的影响。盛洪、樊纲也去了。应该说那个会还是开得很成功的。

谈谈我们的城市化

中国的城乡二元结构是一个大问题，在新中国成立以前就已经存在了。不过当时城里人可以自由到农村打工，地主、农民也可以进城打工，还是比较自由的。但是新中国成立以后，城乡户口就限制了，把农民变成了一个“二等公民”，这个政策是非常糟糕的。这种糟糕政策进一步延续，认为农业应该为工业化提供积累，导致农村长期补贴城市，农民越来越穷，城乡收入差距扩大化。

把农民限制在农村里的方式，是无法增加农民收入的，而且也很难突破城乡二元的结构。从长远看，农民提高收入的办法，不是靠农业。这个我们都知道，农业一增产，了不起一亩地能增产几千块钱。你在城里打工一个月能挣一千多两千，一亩地一年才产出一千多不到两千块钱，农民要提高收入，就不要把农民都留在农村，这肯定不仅仅是提高农业效率的问题。

中国的三农问题从根本上讲还是一个收入问题，收入的增加不在农业，而是农民干其他的第二第三产业。全世界的发达国家，农民都只占5%以下。它们的农业都很发达，吃的穿的都不成问题。一个人有了三四千块钱的收入，收入再增加的话，他不会再把钱花到吃的上头了。他花钱在住的、看的，这些方面。所以，农业问题的解决还是要靠非农。

所以只有让农民流动起来，进到城里，打工赚钱富起来，最终变成城市人，才能真正解决农民的问题。也就是说，解决农民的问题需要依靠城市化的发展，要为农民多提供一条出路，使得愿意进城的人能进城，并且安居乐业。

进出城市要自由

从根本上讲，就是要让农民有自由选择权。我愿意进城，我就可以进城。我不愿意进城，我就留在村里头。就是说，在出台更多的政策之前，必须要了解政策的目标是什么？并不是强制农民应该干这个或应该干那个，而是增加一个选择。就好比你本来不允许做的事情，现在可以做了。多增加一个选择肯定是好事情，因为如果增加的选择，农民认为不好，大不了原地不动，就不选。

所以目前各地进行的城乡一体化改革，包括成都的城乡一体化的实验，一个基本的原则就是要完全自愿。中国过去有很多好心办坏事的经验，政府认为好的事情，老百姓不一定这么认为。但政府要强制这么做，非干不可，那就把事情搞糟了。

新中国成立后搞农村合作化运动就是，农民不愿意搞合作化，但是政府认为合作化对农民有好处，规模经济能提高效率，于是就强制农民合作化。但是农民不愿意，为什么不愿意？效率可能提高，但分配问题没解决，多做贡献的人能不能多分？合作化了之后，就吃大锅饭了。所以农民就不愿意，不愿意就强制他干。一直从高级社最后搞到人民公社。农民就罢工了，全国人民就挨了多少年的饿。

一改革，这个问题没有了。从 1978 年开始，包产到户，农民积极性来了，结果粮食问题很快就解决了，咱们几十年没吃饱饭，一下子就吃饱了。为什么？他有自愿选择了。市场为什么要自由，就是因为这样一个道理。每个人都不是傻瓜，都会选一个最有效的办法去利用他的各种关系、各种资源，这种组合一定是对社会有好处的。

重庆目前的政策尽管表明农民可以自由选择，但在实际操作的过程中，有强迫农民必须转户的措施。例如农村孩子上重庆的大学，来的时候户口是农村的，就必须转成城市户口，不然就不能申请奖学金之类的。这是很不公平的，也违法了自由选择的原则。重庆以土地来换城市公共服务的设想，虽然比完全僵化是要好一点，但里面的问题非常多。我们不能重蹈好心办坏事的覆辙。

农业地产权私有化

成都最近出台了一个办法就是取消城乡差别，这就是把自由选择的障碍拿掉了，也就是增加了选择，你城里人可以选择到农村去，农村人可以选择到城里来，就没有什么城乡区别了。我觉得这是一个可行的办法。

成都的一些新建的农民房都有车库，这当然非常好。但是不是每个地方都能这样做，存在疑问。成都的做法还有一个疑问，就是钱从哪里来？答案是土地。农地怎么处理，是农民进城过程中重要的问题。

成都有一个土地私有化的设想，这能使得要素充分流动并且提高经济效率。农村的土地，原来是集体所有，现在要变成个人所有，可以自由处理。土地问题挺复杂，主要是对土地的用途上，例如城市用地工业用地什么的，政府的权特别大，到底是什么用地，它说了算，不是由市场来配置的。

为什么我比较赞成现在农村的耕地私有化呢？首先，我们的耕地非常紧张，要把它用好。现在全国各地非常普遍的一个现象是，土地的配置不合理。造成浪费。所以需要调整用途，具体的问题需要灵活的调整。这就需要土地能被定价，有了价格就好办了，你九分地就是九分地的价格，质量不一样有不一样的价格，有了钱就可以补偿了，我一块坏地变好地我再花点钱。所以土地的使用一定要有这些因素，就是土地的所有权，有交换，有价格，没有选择的障碍，那就效率提高了。

现在成都的改革叫要素的自由流动，不光土地，还包括资本和人员都能够流动，所谓的流动就是有自由选择，有自由搭配的机会，效率就提高了。政府原来的任何补贴都是妨碍市场起坏作用了。政府现在的做法不是妨碍市场，而是撬动市场，通过政府很少的钱撬动市场的大钱，而且政府退出，不是直接进入市场。我们那么多的支持农业的钱，很多的钱花得很冤，而且起了坏的结果。取消农业税非常好，不但不破坏市场，还能够帮助市场。要记着一条道理，市场能够有效地配置资源。让资本和劳动力没有障碍的流动，这是提高效率的最好的办法。如果能在实际执行中不走样，这是一条很好的路子。

有人可能会担心，农地私有化可以转让后，出现土地兼并以及大资本侵害农民利益的问题。从效率的角度看，兼并是好事儿。我们老说农业要集约化，集约化就是要有规模。集约化，兼并大土地大农庄，它是有效率的。效率是有了，但是又产生一个公平问题。一些人把土地卖掉了，他就没有土地所提供的收入来源。这个我们也不能只顾一头不顾另一头。我的看法是，从长远看，把提高效率有障碍的地方取消，产生兼并就兼并，产生分散就分散，它会自己找到一种合适的解决办法。但是，人的收入问题怎么解决？那要靠社会保障。社会保障的另外一条路，就是政府，社会团体，帮助有困难的人。这样两头都能够得到兼顾。

另一个可能的办法是靠中介组织，农民不直接跟大企业打交道，通过中介打交道。中介赚点钱，但能够避免大的欺骗。因为中介很明白土地的价格。当然这没有万全的办法，房地产组织、合作社、政府可能都会欺骗农民。不过中介组织受到公司法等相关法律的约束，而且如果公司之间相互竞争，相对就会好一些。

住房的权利

城市化现在最大的问题是住房问题。住房问题是每个人都有的问题，生病是病人才有的。很多人没意识到住房是人权的一部分，这个权利是必须具有的。那么住房由谁来提供呢？他自己不能提供的，要由政府来提供，所以政府有义务给老百姓有房子住，这没什么好商量的。但是政府没有什么义务呢？政府没有义务帮你买房子，满足你对住房的占有欲，当然也没有义务保证你能住好房子。政府只能保证你有一个起码条件的住房。这个起码条件是什么条件，要看国家的经济实力。

我觉得政府的责任要搞清楚应该干哪些不该干哪些。政府的首要责任是主持正义，老百姓之间不能有偷抢，政府自己不能侵犯老百姓。GDP 不是政府的事儿，那是企业的事儿，你制造一个正义的环境就行了。社会上有些人可能太穷，这个政府和民间都能起作用。发达国家一多半的税收划到社会保障上去了，而且民间各种帮扶组织都很发达。我们现在是社会保障不健全，政府还从中赚钱，这个政府就走歪了。

政府应该彻底摆脱对经济的参与，让市场自己起作用。尤其是政府不能以赚钱为目标，政府不能公司化。我们想占有好多东西，钱多了想买这个买那个，都不是坏事，但是你没有钱就没有办法买。市场上买房子，你没有钱买房就租房，政府没有义务满足每个人对房产的占有欲。让每个人都买套房，那是不可能的事儿，住房的不公平，是人类社会不公平的集中表现，永远存在，从奴隶社会到现在，不管是资本主义社会还是社会主义社会，不管是计划经济还是市场经济，住房的不公是社会不公的集中表现。

农民进城没有地方住，住的条件极差，今后要消除这种城乡二元结构，我觉得政府在这方面要多下工夫。方案有很多了，廉租房，给进城农民补贴钱等。农民自己找住房住，开发商会开发一批适合他们的需要的住房。他花钱去住，开发商挣钱，政府一个月给一定补贴，人口多住大点的房，人口少住小点的，尽可能离工作单位近一些的。这是最好的方式，由市场来解决配置资源的问题。

这就涉及一个普遍关心的问题，形成了城市贫民窟怎么办？贫民窟是低收入人群选择的结果，他认为这样最好。当然，这在别人看来不好，讨厌贫民窟，这是人家的自由选择，他没有别的办法，只能选择这个。有没有减少贫民窟的办法？有，就是给住房补贴。政府给他一点钱。让他自己找合适的房租下来。拿北京来讲，如果一个月有一千，他自己再补贴三五百，就可以住一个有厨房和卫生间的地方了。贫民窟问题要慢慢解决，北京现在的规定是 15 个人以上一间房是不合法的，但是这只是个人数的选择，还有采暖、厕所、厨房等问题。我们想避免贫民窟的办法，就是给他一个比贫民窟更好的选择，使他能够选择得起。只有自由选择，才是最好的城市化。

中国改革的成就与未来

改革开放30周年，大家总结其成果时，即使最苛刻的评论家也不得不承认中国在经济上的伟大成就。我认为中国人追求现代化的100多年来，只有近30年的改革开放是走上了轨道。将来的历史学家也许会把这个阶段看成是中国几千年发展的一个转折点，因为中国在外观上已经换了一个国家，现在我们有无数的高楼大厦，四万多公里的高速公路，长江上建了将近五十座大桥，每年有一亿多人坐飞机旅行，这是中国几千年从来没有发生过的事。

但是在发展中也出现了许多问题。政府的廉洁需要改善，财富的分配过于偏向富人，人民的基本权利得不到保障。这些问题导致了社会关系的紧张，但它的根子还是在政治体制的不相适应上。在经济体制方面我们大体上完成了向一个现代化市场制度的转型过程，但是在政治上还是无产阶级专政。邓小平同志早就说过，要进行政治体制的改革。没有政治体制改革的相应配合，经济改革的成果很难维持，更谈不上巩固和前进。

近来学术界和政府都在议论中国是否已经崛起，或者中国离一个世界大国还有多远。其实，问题的答案就在于中国的政治是否已经走上法治和民主之路。尽管在最近一次宪法修改中把追求人权、法治、民主都写了进去，但没有人认为我们已经实现了这些目标。宪法只是指出了我们的奋斗方向。

政治改革必须跟上来，这一情况在20世纪90年代末我们已经注意到了。然而我们能够为此做些什么呢？我们认识到，一方面现有的政治制度要改，另一方面我们也认识到现阶段必须维护党的领导地位。中国的改革如果过去没有共产党的领导是不可能取得这样的成就的；今后的十几年内如果没有共产党的领导也会出现问题。所以现阶段我们要研究的不是像三权分立，全民选举，多党制等问题，而是从技术层面上帮助执政党改善效率，增加透明度，从而保障人民的权益。

从1998年开始，我所在的天则经济研究所启动了“政府体制改革”的大课题。每年一个阶段，一共做了五年。这些研究包括“我国省部级领导干部家庭财产申报制度研究”；“户籍限制人口流动的社会、政治、经济影响及对策”；“论我国的干部选拔制度改革”；“传媒监督制度研究”；“中国法律、法规立法权限的合宪性审查”“刑事证人作证制度”等非常重要的问题。

随着我国贫富分化现象的日益严重，我们注意到这个问题的根本还是在人的基本权利方面。大家注意到外观可见的贫富分化，但是不大能注意到看不到的人与人权利方面的差异。新中国成立后我国致力于消灭贫富的差异，实际上是消灭了富人，把大家都变成了穷人。而同时扩大了人与人地位的不平，权利的不平。特别严重的是把农民降为二等公民，他们的基本权利得不到保障，财产任人剥夺，不能进城，不能自己从事生产，堵绝了他们一切生财之道。在城市里又有人为的阶级划分和政治地位的划分。最可靠的是三代贫农，他们是提拔对象。而各种各样的阶级异己分子是不能入党，不能提干，不能参军，甚至不能上大学的。

改革以后情况有了很大的改善，但是地位不同，权利不同仍然没有受到关注，受关注的主要是贫富的分化，因为这一现象可以看得到，地位的不同并不能直观被看到，可是这才是贫富分化的一个重要原因。从人类社会发展的历史经验看，尽管各国政府在限制贫富分化方面做了很大努力，但是事实上贫富分化越来越严重。现在世界上最富的人，像比尔·盖茨，他的财产超过埃塞俄比亚穷人的财产几亿倍。财富的差异丝毫也没能缩小。而人与人地位的不平等确实是逐渐在消灭。服务员为客人服务，不论这个客人是谁，都要向服务员道谢，他们的地位是平等的。在一百年以前慈禧太后不会向李莲英道谢，他们的地位不平等，一个是主子，一个是奴才。

这给了我们很大的启示。我们应该如何看待贫富分化和地位分化？从 2000 年以来我国的经济人权有了明显的改善。其中除了因为工伤死亡增加而劳动权在 2001～2003 年中有一段下降之外，其他的教育权，健康权都在稳定上升。这也说明，经济人权的改善是和经济增长密切相关的。可以说，财富的增长是人们权利改善的前提。虽然我们的收入分配不够公平，但是最底层的人民状况也得到了改善。

反思在“文革”时，大家追求绝对平等，结果是各种权利的全面倒退，有两三亿人一年中有几个月没有粮食吃。那时候中国人没有基本权利，也没有温饱。平等对一个悲惨的穷人是没有吸引力的。它不是我们发展的方向。发展是硬道理，没有发展，光讲平等，只能是穷人之间的内斗，越斗越穷。而发展是建立在基本权利的保障之下的。改革开放以后，人们的自由扩大了，人权改善了，财产有了保护，财富就生产出来了。

在2007年，出现了不少群体性的维权运动，实际上是对权势和地位不平的抵制。是谁侵犯了基本权利？是有地位有权势的人。正如上面所分析的，贫富差距可以看得到，但其主要根源在于权力和地位的不平等。现在中国最有权势的显然是政府，问题也出在政府，百姓很难监督。出于这样的分析，聚焦政府公共治理课题，给各地政府的业绩评分，做出定量评价，就显得尤为重要，也可以用以监督政府，改善政府绩效。

而聚焦政府的公共治理，不妨从对省会城市的评分开始，这还可能有两个用场，第一是可以建立一个各省会城市之间在公共治理方面的竞争环境。在现阶段的中国，百姓对政府的监督能力是很差的。现在有了一个独立公正的机构对他们的公共治理工作做出评价，客观上能够提供一个信息平台，在这个平台上百姓能够看到自己的城市在为人民服务方面和其他城市比较做得怎样。这样的信息无形之中会对当地政府出生竞争压力。不过这样的竞争压力不是短时间所能够建立起来的，这需要多年的资料积累。

第二个用场是给干部评价增加一个信息源。干部工作的好坏非常需要客观评价。然而在正式体制内的信息容易被扭曲，由于各种利益的牵扯，信息很容易失真。由一个独立非民间研究机构来做，信息不大容易失真。客观真实的信息对人事部门和组织部门是一个宝贵的基础材料。同时对居民的调查是最重要的，因为他们是政府直接的服务对象，对政府的服务水平最了解，也最有发言权。

中国未来的改革要聚焦政府的公共治理，这将有助于回答下列两个问题：公民权利和治理方式有没有相关性，城市治理水平和人均 GDP 有没有相关性。我们相信理清楚这两个问题，将会有助于人们理解提高城市治理水平对中国未来的好处。

在我们对调查结果进行分析过程中，我们发现各城市的治理得分和当地的人均 GDP 并没有明显的关系。人均 GDP 越高的城市，治理方面的表现并不一定越好。同时，一些人均 GDP 差不多的城市，治理的表现差异很大。比如，成都和昆明的人均 GDP 接近，但是成都的治理得分要比昆明高 15%。如果按照经济发展水平把我们调查的 30 个城市分为三组，然后看每组的平均情况。我们会发现经济发展最高的一组的整体治理水平要比其他两组高，但只高了不到 2%。经济中等和较差的两组治理状况几乎没有差别。在公共服务这个维度上，三个组的排名与经济水平一致，经济越发达，公共服务上的得分就越高。但是在政府的治理方式这个维度上，我们发现，经济最差的一组和经济最好的一组表现接近，而经济中等的一组表现要比他们都差。可以说发达地区的政府在和经济无关的事务上，表现并不比经济欠发达地区的政府更好。

其实我们事先已经预料到了治理状况和经济状况会有关系。这是因为，我们的治理包含了公共服务，公民权利和政府的治理方式三个方面。很显然，经济越发达的地区可动用的财政资源会越多，公共服务的质量也就越好。但是公民权利和治理方式就不一定和经济发展有关。虽然长期的经济增长依赖于创新，而创新依赖于自由开放的社会和良好的法制环境。但在短期，不保护产权人权，GDP 也可以增长。中国地方政府热衷的土地开发和基础建设投资就是不依赖法制建设、产权保护的经济增长方式的典型。从农民手中强行征地更是对人权和产权的直接侵犯。

我们所应该追求的发展不仅仅是 GDP 数字的增加，而是每个公民的福祉的提高。GDP 的增长可以带来生活的改善。但一个人如果他的权利和自由得不到保障，即使他收入再高，也不会是幸福的。因此，我们需要认识到 GDP 虽然是一个很重要的指标，但用它来衡量社会整体的发展是不够的。我们的这个发现，人均 GDP 与公共治理指数不相关有重要的意义。它说明在追求 GDP 之外还应该有别的目标，就是改善公共治理。人们的物质享受和公共治理的享受是两个不同的维度，他们之间不能相互替代。不是提高 GDP 就可以忽视公共治理。GDP 低的省份也可以实现良治；GDP 高了也不能忽视对公众的公共服务。现有的以 GDP 为主的官员绩效考评模式迫切需要改变。

从世界大潮看国家转型

（在“地方治理与国家转型研讨会”上的发言　2011年8月）

大家知道100年以前孙中山就说过，世界潮流浩浩荡荡，顺之者昌，逆之者亡。100年前，他有这个眼光，我觉得是很了不起的，现在多了100年，我们看有没有这样一个潮流呢？我觉得是有这个潮流的。孙中山那个时候讲的潮流，我想他讲的是三民主义，讲总理遗嘱，什么是总理遗嘱？在国民党的时候，每个礼拜一要开纪念周，就是念总理遗嘱，他说“余致力国民革命凡四十年，其目的在求中国之自由平等……欲达到此目的，必须唤起民众及联合世界上以平等待我之民族……”所以，他想的世界潮流大概是两个方面，一个方面是三民主义，第二方面就是以平等待我之民族，就是中国人不要受欺负了，因为在晚清的时候，中国一直受欺负，所以孙中山有这个希望。现在这个潮流，我感觉是存在一个普适价值，这就是世界潮流，什么是普适价值？我的理解就是民主、法制、平等、自由，为什么这是普适价值呢？我认为它还不是最基础的，最基础的是人类共同的道德，不管是什么宗教，伊斯兰教、基督教、儒家思想，都有一个共同的道德，这个道德大家都知道，不要说假话，要彼此尊重，要有宽容精神，己所不欲勿施于人，这是人类共同道德，这个我想不会有人反对。为什么有共同道德？我觉得这是人类脱离动物的根本原因，动物没有道德，马克思讲劳动使猿变成人，我觉得不对，是道德使猿变成人，道德是经过人类社会几千年、几万年的博弈得出来的一个结论，就是遵守道德是人类社会的最优解，最优解是什么？就是道德。讲道德对所有人都有好处。这是我对道德的理解，如果有道德就有普适价值，平等、自由、宽容、博爱、法制，这一系列是这么来的。

当前世界有各式各样的矛盾，我觉得不管在中国，在利比亚，在突尼斯或者在哪里，它的冲突就是普适价值和当地的传统文化相冲突。拿中国来讲，就是普适价值和中国的几千年皇权文化的冲突。在利比亚有他们的冲突，在埃及有他们的冲突，他们的冲突和我们不太一样，非洲也有非洲的情况。但是，它都是一种本地文化和普适价值的冲突。最后，我觉得本地文化要调整自己，适应普适价值，但是并不会放弃自己的文化和传统，只是放弃自己文化传统中间跟普适价值不相容的那部分。

今天我们的这个题目是“广东模式和重庆模式的比较”，看这两个模式，在我看来，还要拿普适价值来衡量，哪一个模式更接近于民主、法制、人权、平等、自由，更接近于这些东西。当然，我们也可能有不同看法，我觉得这是我比较粗浅的看法。我本来要写一篇东西，但是没有写完，我觉得我们回顾一下对普适价值的认识，在清朝的时候，对于西方世界了解的非常少，我看文献讲林则徐是比较有眼光的人，他相信英国人的腿是弯不下来的，所以，他们不可能到朝廷上下跪，原因是他们的腿有一根筋弯不下来，这是林则徐的看法，现在看起来是非常可笑，但是确实他那个时候是这样想的。这是什么意思呢？就是讲对普适价值认识是不太容易的，我们从清朝的封闭的状况走到今天，有没有普适价值？现在还是有争论的。在孙中山死了以后，就是他死的前后，大家知道有一段时间把共产主义看成是一个目标，因此那个时候共产主义是普适价值，全世界都要走到共产主义去。经过七八十年苏联的共产主义实验失败了，有些国家放弃了。我们宪法里面写的虽然是公有制为主，但是还是承认各种所有制，承认人权、法制，这都写在宪法里面，宪法里面原来是没有的，现在都有了。

所以，我们对普适价值是不是有一个回归，收敛到同样一个认识里面。这个收敛的结果，我认为就是人类最基本的道德，所有违反基本道德的制度也好，做法、政策也好，通通要被唾弃，我们“文化大革命”就是违反最基本道德的，好多事都是违背了最基本的道德，没有宽容、没有同情心、残害人，这都是缺乏基本道德。

别的我没有把握，有一点我是非常有把握的，因为我是经济学家，什么东西有把握？人类一定会有一个市场制度，这一点我有非常高的把握。原因是什么？因为只有市场制度能够最优配制资源，这是经济学所严格证明了的。市场制度是对付资源稀缺的唯一办法，资源总是稀缺的，我们的欲望是无穷的，这个矛盾的解决只有靠市场制度，它能够最优。所以，我们不要幻想会有一个没有货币交换的没有商品的社会，不可能，如果是这样的社会，一定很穷了，资源是非常浪费的。所以，我们如果面临资源越来越稀缺的环境的话，必然要走向市场制度。所以，我说价格万岁，价格不可能没有。而且由于最近 50 多年，市场经济的建立，解决了资源配置的问题，有了全球经济一体化，任何一个社会、一个国家，可以通过全球经济一体化的市场得到任何一种资源，不需要通过打仗。争夺资源的战争没有了，剩下的战争就是和普适价值的冲突。所以，我们中国将来走什么道路，需要看清楚。在我看就是要避免和普适价值发生冲突。

社会企业有利政府

（在星展银行中国2012社会企业高校论坛上的演讲）

对于什么是社会企业这个问题，人们的认识可以说是相当混乱。这在一定程度上制约了社会企业在中国的发展，所以我们有必要做出一些解释，帮助大家正确理解何为社会企业。我会从经济学的角度来探讨这个问题，虽然我给出的答案可能不是最好的，但希望能让大家对社会企业形成一个总体概念。

所有企业都必须创造财富。怎么创造财富？那就是要赚钱，一个企业如果赔钱，是不创造财富的。企业为社会生产产品，但是它最后的目的是要赚钱。一个企业赚钱了，对社会又发挥了什么功能？功能是增加了财富。对于这一点，我们往往有一种错误的认识。我们认为，作为消费者，我们购买了企业生产的东西，企业就是赚了我们的钱，它靠我们发了财，因此企业是靠剥削人起家的。这种想法相当普遍，但其实是完全错误的。一个企业给社会提供产品和服务，这是一种双赢的关系，企业得到好处，消费者也得到好处。正因为是双赢，所以才有财富的创造，如果没有财富的创造，就不可能双赢，就像赌博一样，赢的钱等于输的钱，没有创造出财富。

另外，企业赚钱了，企业的老板和股东要从中分得一定的利润，也就是能够有一定的分红。如果没有分红，老板和股东就等于把钱捐出去做企业，这样的话，就跟企业没啥关系了。换句话说，这时候企业就不叫企业，而是公益组织。所以我觉得，分不分红，是判断是不是企业的关键。

还有，所有企业都具有社会公益性。为什么这么说？因为我们所享受的一切现代化服务和产品都是企业提供的，这就证明了它们的公益性。我们可以想一想，人类比动物要高明，那高明在什么地方？我们的脑子好，那好脑子又是怎么来发挥作用的？是通过社会组织。如果没有社会组织，你脑子再好，也毫无用处。如果把你放到一个荒岛上，无论是灵敏度还是速度，你都赶不上老虎，会被老虎吃掉。但是，有了社会组织，我们的聪明才智就能发挥作用。政府就是这样的一个社会组织，但最主要的社会组织其实是企业。企业从事的是双赢的买卖，你愿买我愿卖，这样就做成了交易，所以企业只要以自愿、平等、竞争的方式进行产品和服务交换，就一定会给社会带来好处，所有企业也因此具有了社会公益性。

社会企业也是企业，因此，与一般企业一样，社会企业也要赚钱，也要创造财富，其老板和股东也要分红。对于社会企业来说，分红能够起到多种作用。一方面，能够保持企业老板和股东的经营积极性，促进企业持续发展。另一方面，能够吸引更多的企业家和投资者参与社会企业。

那么，社会企业与一般企业又有何不同？我认为它们之间的不同点主要体现在两个方面：经营目标和服务对象。应该说所有企业都在两个经营目标之间做出选择：利润目标和公益目标。但这种选择并不是非此即彼的选择，企业往往会兼顾这两个目标，只是在兼顾的程度上各有不同，而这也就带来了社会企业和一般企业的区别。虽然所有企业都具有社会公益性，但对于一般企业来说，利润最大化是它们最主要的目标。在经营过程中，一般企业总是从尽可能便宜的地方采购原料，把产品能卖多贵就卖多贵，能卖出高价就绝不以低价出售，目的就是为了赚尽可能多的钱。当然，一般企业也可以拿出1%甚至更多的利润用于公益目标，但即使这样，它们也算不上社会企业，因为公益目标并不是它们的主要目标。虽然还不够严谨和科学，但我认为，社会企业的公益目标是大于或至少等于利润目标的。也就是说，社会企业的主要目标是社会公益，在利润分配上有50%以上的利润用于社会公益。

当然，也有百分之百将公益目标作为经营目标的组织，它们就是公益组织。这些组织的收入可以靠捐款，也可以靠卖产品和服务，如书籍、刊物等。公益组织并不是不可以赚钱，只要赚的钱不用于分红，就还是公益组织。

说到企业的服务对象，一般企业都是面向社会所有阶层，而且目标对象往往是混合的，也就是说，通常情况下不会只局限于某一特定阶层。而社会企业往往只服务于一个群体，即穷人、残疾人等社会弱势群体。有人为穷人和残疾人设学校，建医院，开商店，办保险，这些都是社会企业。只要是为穷人服务，赚穷人的钱，就一定是社会企业。因为你想赚到穷人的钱，就一定会给他们提供很好的服务和产品，否则他们是不会购买的。我曾去过印度，看到那儿有为穷人办的私立学校，它是要收费的，而且还要赚钱。印度有很多人投资办这样的学校。后来，我回到国内，发现我们也有这样的穷人学校。所以，我们应该明确的是，只要是为穷人办的企业都是社会企业。还有一种是穷人自己办的企业，如各种合作社，如果它赚了钱，那也应该是社会企业。总之，只要你的服务对象或者你本人是弱势群体，那你的企业就应该算是社会企业。

社会企业以社会公益为主要目标，以赚钱为次要目标，这样的企业在经营行为上跟一般利润最大化的企业是不一样的，它的内部企业文化也不同于一般企业。你一进入这种企业，就能感受到一种独特的气氛，它不追求利润最大化，但也不能赔钱，而且还要赚钱，这一点是不错的。所以，股东入股的时候，他要求的不是利润最大化，但是也不能把投入的钱给赔了，企业帮助投资者做好事，投资者哪怕少赚钱也愿意投资，这就是社会责任投资。向社会企业进行投资，这种独特的投资理念在国外日渐兴起，其实在我们国内，这种机会更多，只是现在还没有形成规模。对于这类企业，政府也应加大扶持力度，给予税收优惠等有利政策。毕竟，从某种程度上说，这些社会企业承担了政府的某些职能，帮助政府解决了社会问题。

“共同富裕”：消灭贫穷，而非打倒富人

（2012年10月接受《东莞经济》采访时的报道文章，原文作者为万衬琼，题目为编者所加）

只有鱼才成群结队，经济学家应该特立独行。

——茅于轼

扶贫英雄尤努斯在其自传——《穷人的银行家》中如是说：“如果我们把给予富人的相同或相似的机会给予穷人的话，他们是能够使自己摆脱贫困的。穷人本身能够创造一个没有贫困的世界，我们必须去做的只是解开我们加在他们身上的枷锁而已。”

茅于轼和尤努斯有相同的理想。共同富裕是这个绝对的市场主义者的唯一理想，这看似矛盾，实则不然。茅信奉市场经济，为了让世人相信市场经济并坚持走市场经济这一道路，他必然要考虑的问题是如何弥补市场经济唯一的缺陷，也就是收入与分配的贫富差距。

茅于轼曾说过：“政府福利和民间力量，是解决贫困问题的两条途径。”他不否定凯恩斯主义，认可通过政府对穷人施以救济，用牺牲一

小部分效率的方式来换得公平。但作为一个推崇市场的自由经济学者，他走的是后一条路。因为“此岸”的改革，没有给予茅于轼这样的经济学者太多的现实操作空间，他只能够选择后者这条在常人眼中看来更为艰难的路，而且一走就是18年。

对茅于轼这样的现状批评者和理论实践者而言，一个尴尬之处在于，他们自认为是为了民众福利、引领人们的观念与思想向更有价值的前方，但却时常招致部分民众的责骂和曲解。

“讨厌我的有两种人：一种人是贪官污吏，一种就是不明白的人。我在保护他们的利益，他们却以为我在损害他们的利益。”虽然老了，但“茅维权”头脑却越发清晰，舌头却越加“毒辣”。

“我想有一个讲台总是好的，总会有一些人听得进去吧！”这话出自茅于轼的“老战友”资中筠之口，我相信这也是茅于轼的心声，不然他不会在耄耋之年仍坚持到全国各地各高校演讲，接触网络这个对于他来说还很新潮的玩意并透过其传播自己对经济问题的思考。

80多岁的人中，关心时事的并不多，资中筠、吴敬琏是其一，茅于轼也是其一。因为年龄大了，看得透了一点，负担少了一点，得失少了一点，所以更敢说真话。总之童言无忌，老言也无忌。

以下是《东莞经济》对茅于轼的专访：

忘记过去非常危险，我希望年轻人能知道过去

《东莞经济》：我在凤凰网读书频道看过你的自传，见书如见人，感受得到你笔端倾注的真性情和对中国未来的担忧。83岁高龄了，还孜孜不倦地在网络平台上坚持传播自己对经济的思考和现状的批判？你为的究竟是什么？

茅于轼：一般来说，六七十岁正是退休年龄，我是64岁从社科院退休，那时候刚好盛洪来找我，说要成立一个民间学术机构，推动制度经济学在中国的传播。这个民间学术机构就是天则经济研究所，我就答允了。

其实我真正的工作是64岁才开始的，天则是那一年开始办的，我的扶贫工作也是64岁才开始的。其实有很多人也是这样，像资中筠，她也是退休以后才发挥了作用，在体制内不好发挥作用，出了这个体制，她自由了。所以我的工作可以说，很多事情更加容易做。由于天则一直坚持独立，所以后来逐渐赢得了学界和社会的声誉，也开始为政府所认可和重视，而我，也从一个“不受欢迎”的人变成了影响还算可以的人。

虽然83岁，但我的工作还没结束。对我来说，如果说我想从自己的利益出发，看看书，出去旅游旅游，听听古典音乐，其实是不错的选择，但另一方面我也不放心，我还是看到了国家还存在很多问题，我若看到了不说，这对国家来说是不负责任的做法。而且对我本人来讲，什么事情都不干也不好，还是干点事情但不要压力太大是比较合适的。

我现在有两个主要的职务：一个是天则经济研究所的理事长，一个是乐平基金（之前叫富平）的发起人，这两个工作的具体事务都开始交给别人去做了。现在我主要负责做的事情是想问题和写文章，我想的是，通过我的文章来告诉大家，真理在什么地方。当然，我说的不一定对，但至少引起了大家的思考，这是我最想做的事。所以我这几年没白活，都能有所进步。

实现共同富裕靠的是消灭穷人，而非打倒富人

《东莞经济》：你的出身，以及你作为“右派”被反的经历，是否是你后来“帮富人说话、替穷人办事”的根源？中国人“恨不均，靠打倒富人来求富的心态你是如何看待的”？

茅于轼：反右是1957年开始的，那时候，稍微有点独立思想的人都被打成右派。大学里的学生被打成右派的比例特别高，20%～30%，特别是北大的学生。北大的学生思想比较活跃，超过30%的学生被打成右派。机关里面也是，把50万人打成了右派。

反右彻底消灭了本来就很弱小的民主和自由的思想，反右的后果非常严重，没有反右不可能有以后的十年“文革”，也不会可能有“三年灾荒”。反右可以说是中国政治的一个重要转折点，在反右之前，有很多独立的知识分子可以说些话，但反右之后，党内党外都听不到不同的声音了，因为任何不同的声音都被消灭掉了。所以现在大家来重新认识反右是非常有必要的。

大家可能不太感觉自由和独立的问题，因为现在的状况比过去好多了，但是你不能把过去忘掉，因为忘掉过去是非常危险的事。我希望这些人知道过去的事，中国的事，外国的事，世界上大的事情都要知道。为什么要知道？防止再次发生，这种可能性在中国还不是说完全没有的，还是有这种可能的。

“为富人说话，为穷人办事。”这个与我被打成右派的经历没关系。这完全是一个从逻辑推理得到的正确结论。

一个打倒富人的社会是一个没有前途的社会。除非我永远都准备当穷人，我才会打倒富人来实现公平。否则，若某一天我成为了富人，我又要保护富人了。老百姓看问题只想着自己，但经济学家看问题是站在全社会的角度上的。恨不均这没错，但打倒富人让全社会都变成穷人是没前途的，正确的道路是我向富人学习。

要实现共同富裕需要逐渐减少穷人，保证穷人也能过一个起码的生活，而且让穷人有机会变成富人，而不是消灭富人。当然，这里所说的富人是靠市场致富，而不是靠贪污腐化、假冒伪劣等行为获取不正当财富。

但说老实话，因为穷人占了大多数。所以打倒富人是穷人很喜欢的一个口号，其结果就是把全社会引向贫困。你看全世界，穷人当政的国家都陷于贫穷，而且翻不了身。最典型的例子是印度。印度是民主国家，州政府是由民主选举产生的。国内存在几个政治帮派，其中有几个州信奉“毛派”，将近 2 亿人选了“毛派”人当政，结果整天搞阶级斗争，喊打倒富人，这几十年来，虽然实现了无产阶级专政，但物质上仍然穷得很，民众越来越穷，也越来越相信要打倒富人。事实上，老搞阶级斗争，不搞生产，财富又怎么会凭空产生呢？

不单是印度，世界上所有打倒富人的国家都是穷国。譬如津巴布韦，1987 年我第一次去那里的时候，觉得那里的资源和环境都很不错，可是现在却搞得一塌糊涂。他们的执政者把当地的白人赶走了，侵犯了白人的所有权，把他们的土地分给革命的老干部，结果这个国家的发展一天不如一天，这种情况是非常糟糕的。

像美国，虽然也出现了占领华尔街运动，参与者认为当前美国的经济问题是华尔街的金融人士贪婪造成的。所以他们要求改变现状，从华尔街出发，整体上摆脱当前的困境。游行示威的人，其目标虽是富人，但没有打倒，只是发泄自己的不满。奥巴马现在不是给富人多增税了吗？这个很合理。

要摆脱贫困，不能靠斗争，而是要合作共赢。朝鲜的贫困是出了名的，现在也不得不开放一点自由市场，建立经济开发区等。但是能走多远？将来朝什么方向发展？大家都在拭目以待。可以预计，每个国家的前途就看它如何平衡公平和效率，中国进一步改革的方向也取决于这个平衡点如何选择。

贫富差距不完全是市场造成的，很大程度上是由于特权

《东莞经济》：市场经济有着很多计划经济没有的优点，但它带来

的巨大贫富差距如何来消弭和平衡？我听到很多身边的老人因为这个而开始在怀念毛泽东时期了，感觉这个社会恍惚要活回去了。

茅于轼：关于市场经济，张维迎说得很对，他认为市场经济是人类迄今为止最重大的发明。其实也不能说是发明，应该说是人类最符合自然规则的自发而生的产物，但其前提必须是人与人的平等自由，只要是平等自由的人际关系，它必然走上市场经济。

计划经济啊，人人都是特权分子，怎么理解呢？你得到政府的照顾，你有个铁饭碗，国家给你分配住房，学校医疗，你很安全。你走向市场，人人有压力，你不好好干你就有危险，所以计划经济有它吸引人的地方，但它的结果就是产生大锅饭。大家都想让别人多干点活自己少干点，特别是农民，农民怠工，结果全国人民挨饿，这就是计划经济下很危险的结果。

你别看中国现在很强大，但只要一改为吃大锅饭，中国就很快完蛋。假如中国政府从今天开始规定每个人拿的工资都一样，3000元，不管干得好与坏，一年后中国肯定完蛋。同理，美国也一样，只要一吃大锅饭就肯定要完蛋。

这个社会是要靠竞争的，只要有竞争就会有失败。但我们只能对失败的人给予一些帮助，你不能让他跟胜利的人一样，这样就没有竞争了，你只能让他变得不那么糟糕。这虽然在心理上比较难接受，人跟人一样，为什么我的收入就这么低，他的收入就这么高呢？但是大家变成一样的话，这个社会就不会有进步。

当然，贫富差太大也不行，没有差别也不行，这中间在什么地方最好？每个国家都不一样。你看美国的差别就很大，北欧国家的差别就很小，差别是可以调整的。我们现在差别太大，这个差别还不完全是市场造成的，他很大程度上是特权造成的，我们的垄断行业是特权造成的，它不是市场，不是靠技术创新，管理成本低，而是靠垄断占据资源赚钱的。

市场经济发展了，生活富足了，人与人的地位也平等多了

《东莞经济》：你在自传里谈到一个没有意识的经历，那个人人挨饿的时期，人都退到了野兽的状态。那种刻骨铭心之疼很永久，经历了现在改革开放后的30年，人人温饱的时期，人的形而上却异常“挨饿”，鲜明的对比对你有什么样的精神冲击？

茅于轼：挨饿这事，没有挨过饿的人可能永远也不懂得那种滋味，就是人怎样变成野兽。别的什么欲望也没有，性的欲望也没有，只有一个欲望，就是吃。

现在的人不可能理解“三年灾荒”中挨饿那种感受。我到现在，每有好吃的都会想起“三年灾荒”。这些食物在“三年灾荒”中能救多少人命啊！反观现在，我们浪费了好多食物，一个宴会上，很多好吃的没吃完就倒掉了。那个时候啊，有一点点东西掉在地上都捡起来吃，对比现在，感觉生活太好了。就拿中国和印度比较，印度马路边的一个乞丐，他要吃的，你给他一个香蕉他就吃了，但中国的乞丐他不缺吃的，

垃圾堆、马路边都可以找到吃的食物。你给他香蕉他不要，他要的是钱。

我对印度充满同情心，其实它的贫富差距比中国还要严重，他们的穷人很可怜，没吃没教育，而且等级观念很严重，男女很不平等，妇女地位很低微。中国的男女关系较之平等多了，在中国妇女结婚生育了仍然选择工作的很多，当然，现在也在改变，譬如老公收入不错的，妇女较多选择留在家中当全职主妇。这是一种进步，说明我们的社会人与人地位越来越平等了。当然，特权阶级除外。

《东莞经济》：近些年来，茅老您似乎越来越敢于直抒胸臆了，包括“18亿耕地红线”、“变卖国有资产”、和“保障房不需要厕所”等言论，当然，有人挺之也有人骂之。但不理性的辱骂居多，甚至还有人说你被任志强和其他资本家收买，是走资派的御用经济学家。您如何看待这些不理性的辱骂？

茅于轼：（沉默了一会），我还是坚持这个看法。很多人都担心经济学家不客观，为了自己的好处投靠富人，或为既得利益集团或机构说话，这个想法也不能说没有道理。但是你们想一想，把自己出卖给什么人你得到的收益会最大？出卖给政府。要是我准备被人收买，我首先把自己卖给政府，我不卖给企业家。知识分子的首选是把自己卖给政府，卖给企业家不是最优的选择。因为当了官什么都有了，有了特权做生意都会受到政府保护。

事实上的确这样，政府收买了很多知识分子。有些比较有能力，有些能力比较差，能力比较差的投靠政府，自己没本事也能混口饭吃。你没本事企业家谁要你？当然，你不管是出卖给政府也好，出卖给企业家也好，这都不是一个真正的学者的立场。学者的立场必须坚持自己的学术看法、学术观点。我不能说所有人都不想出卖自己，但是真正的经济学家都有自己的学术操守。

只有自利而没有责任感，这个社会会很乱

《东莞经济》：自由经济学假定人人都是自利的经济人的前提下，整个社会的效益才会实现最大化。但你提出比自利还重要的还有责任感。为什么？责任感又该如何提升？如何建立监督机制和成绩效果评价体系？譬如东莞最近在为一些产学研服务平台的建设做财政支出绩效评价？你有什么好的建议？

茅于轼：自利还有一个前提是要有责任感。因为现在的社会，越来越多的钱是别人替我们花的。我们纳的税，是政府帮我们花的钱，我们存进银行的钱，也是银行替我们花的。GDP 中个人消费只占了 34%，也就是说我们自己花自己的钱占了 34%，其他的钱都是别人替我们花的。花别人的钱，一般都不讲究什么效率。要把别人的钱当做自己的钱一样花，这就需要责任感了。

这是支出方面，其实收入方面也如此。工人工资收入的多少，取决于企业老板的收入高或低。个体户则是自己决定自己的收入，但整个社

会中极少数是个体户，大部分人都属于企业内或组织内。在企业或组织内，你干得好当然会收入高点，但你的工资收入并非每时每刻都能体现出你的能力。

只有企业和组织、甚至个人都富于社会责任感，这个社会才会有组织有效率，如果只有自利而没有责任感，这个社会会很乱。

建立监督机制这个是没有太大把握的事情，因为踢足球在大庭广众之下都可以做假。这个问题不仅是监督，而且还是道德问题。

经济学研究的是财富的创造，但不研究财富的分配

《东莞经济》：据我所知，乐平（之前叫富平）小额贷款基金、富平保姆学校都是您发起的项目，您的初衷是为了什么？您从中得到了什么启发和总结？两大基金和项目目前的进展如何？作为经济学家，您的宗旨或者说理想是什么？

茅于轼：在扶贫方面我做了两件事，一个是家政学校，一个是小额贷款。我的初衷是帮助穷人，因为我感觉到这个市场确实把很多人抛在后头，有些人很快就上去了，但落后的人也很多。

这两件事虽然经历了不少的挫折与风波，但总体看来，应该说做的还比较成功。小额贷款我们已经有了好几个点了，北京就有个点，山西有两个点，马上要在四川开一个点。家政服务的学校我们已经培养了两万农村贫困地区的妇女，给她们在北京找到了工作，而且待遇得到了保障，社会地位不断在改进。

但我一个人的力量诚然是十分渺小的，我也没有什么野心，能帮助一个是一个。我也不可能帮助几亿的人，几亿的人通过我的经济学思想来得以启蒙和帮助，或许还有可能。

我从事经济学研究的宗旨和理想是全国人民都富起来，也就是大家所说的共同富裕。这个理想或许很理想化，但人需要有理想，理想是一个长远的目标，没有远的目标你就会走错路。

经济学研究的是财富的创造，它不太研究财富的分配，它的目标是财富创造的效率最大化，市场经济并不保证收入和分配的公平性，相反，还会产生收入分配的差距。但社会还有一个目标，就是公平。为了公平，得牺牲一点效率目标，以实现效率与公平的兼顾，要实现此目标，需要政府和民间，以及一些慈善机构共同努力。我们最需要防止的是既不公平，又无效率。

《东莞经济》：83 岁高龄了，您有考虑过接班人的事儿吗？天则经济研究所一贯坚持的独立，还有你的经济学理想，有合适的人选吗？

茅于轼：我很担忧这个问题，目前天则所面临的最大问题是后继无人。为什么天则所这么有名气了，反而会出现现在这种情况呢？这个道理很简单：第一天则所待遇很低，现在要找一个比如说像我这样的人，一年没有几十万根本不可能找到的，我们天则所一个人拿三千块钱，那谁愿意来呀？

而且天则所还不断地面临着风险。我们虽然有 18 年的历史了，但是我们的生存是很没有保障的。像这样一个地方，谁愿意来啊？

记者手记：向茅老致敬

早在10年前，我依然还是一条孜孜不倦于书丛的“书虫”。某日在校内图书馆里乱翻乱摸，无意中摸出了一本小书，书名叫《生活中的经济学》，著者在书中如此说道：“我从事研究有一个信条，即不论多深奥的理论，如果透彻地理解了它，必定可以还原为日常生活中的现象。”也亏他的微言大义，深入浅出，我这只刚接触经济学的菜鸟才能生平第一次感受到了经济理论的魅力，从此一发不可收拾。

一个人的成长过程中，最激动的经历莫过于在多年之后，能够结识自己当年曾无数次神交过的思想启蒙者或者可以说是“偶像”。

这次东莞经济年会《东莞经济》作为承办方，有幸邀请到茅于轼老先生出席会场演讲，为东莞的转型升级给予指点迷津。负责接待工作的我得以真正结识到茅老，心中总会涌现出一股崇敬与亲切之情。

这位已经年过八旬的老人虽然头顶着无数光环，却平易近人，深谙人人平等的处世准则，对我等后生晚辈亦是谦和礼貌。因为接送途中出了点意外，累其夫妇在机场休息室苦等了足足三个小时，见面时他们居然毫无芥蒂与恼怒，足见其礼！无怪乎知识界有人称茅老为中国最后一位绅士；因为了解到《东莞经济》作为民间的独立机构操办东莞经济年会的困难与艰辛，他出席年会论坛，坚持不取分文，足见其节！难怪乎经济学界有人称其为“中国的脊梁”。

茅老有一子一女，但都定居国外了，问及他和赵师母为何不和子女在一起时，他的回答是：“我会留在中国，直到我死去。”相信，在他有生之年，他的人格魅力肯定会眷顾到所有有幸靠近他的人们。

在此，向茅老致敬。

茅于轼聊家常

（2012年5月）

记者：听说，您有孩子在美国？

茅于轼：是的，我的儿子他们一家在美国，我的女儿一家在加拿大。儿子本来在底特律，现在他回中国去打工了！

记者：给谁打工啊？

茅于轼：是一家汽车制造厂，在深圳，他是那儿的技术总监。他有一个女儿出生在中国，就是我的孙女；孙女8岁就到美国了，28岁了，在美国20年了。现在做采购工作，在费城。

记者：家里还有别的人在美国吗？

茅于轼：没有了；有一些亲戚在美国，但是不经常来往。

相依为伴

记者：那在北京，现在就您和老伴儿？

茅于轼：对了，现在就我们两个人在北京了。

记者：家里有人给帮忙么？

茅于轼：没有，我太太自己做。洗衣服、擦地板、买菜、烧饭，都她做。

记者：这些年，您有没有帮忙？

茅于轼：嗯，她说她不需要别人帮忙，她说自己做，对健康还有好处！

记者：她比您小一点？

茅于轼：她比我小 6 岁——5 岁到 6 岁；她也不小了，77 了、78 了。

记者：还自己买菜？

茅于轼：自己买菜、自己擦地板、自己洗衣服。

记者：是不是觉得别人一来家里（做家政），就有些妨碍？

茅于轼：也是一个原因……

去留

记者：有些父母，孩子出国以后，也随同孩子一块儿出国，到美国或者加拿大居住，您想过么？

茅于轼：我没有想过，因为我在中国有好多的事儿要做，我到国外就没有事儿做了，我还是愿意为社会做点事儿。

回顾

记者：您这些年在中国所做的事儿当中，您觉得最重要的或者是让您感到最骄傲的，有哪几件？

茅于轼：最重要的，我想我还是作为一个经济学家，在中国的经济改革中间，提供了许多建议，特别是把市场经济的道理，告诉广大的中国老百姓。我还是以经济学家的立场，从我的优势出发，做经济学方面有关的事情。

记者：除此以外呢？

茅于轼：除了那以外，我还做了一些扶贫的工作，帮助穷人的工作，这个也做了十几年了。

记者：帮助哪里的穷人呢？

茅于轼：首先是在山西的一个很贫困的农村，提供他们小额贷款，就好像是孟加拉国的尤努斯教授做的一样。然后我又办了一个家政培训学校，就是让边远地区的妇女到北京来培训，而且帮她们找到工作。从2002年开始到现在，十多年了，我们已经培养了两万多名妇女了。

北京的行情

记者：就是到别人家里帮忙？

茅于轼：对。起点比较低、文化低的也能够找到工作，而且待遇很不错的，现在家政服务员的工资涨得很快。

记者：现在在北京请一个阿姨要多少钱？

茅于轼：现在一开始要2000到3000块钱，以后慢慢地还要加。

就业

记者：美国一位官员曾经说过，某一年，胡锦涛来美国，被问到，让您晚上睡不着觉的是什么事儿？胡锦涛回答说，是怎么解决这么多人的就业问题。您怎么看这个问题？

茅于轼：从最近这一年或者两年的发展看，中国的基础人群的就业不是太大的问题，因为现在发生了民工荒的问题，很多企业找不到人，所以农民工工资在上升。现在困难的是，大学毕业生的人数增加得非常快，远远超过GDP的增长，需求没有上来，供给增加了很多，于是大学毕业生的就业就比较困难了，他们的工资也在往下掉。就整个工作的情况来看，还算可以，就业情况还不算非常严重。

记者：大学毕业生的就业问题，下一步会怎么走？

茅于轼：这个问题比较难解决。大学扩大招生以后，大学毕业生的人数差不多增加了十倍，但是GDP在过去这七八年里头，并没有增加这么多。人才的需要还是跟经济增长有密不可分的关系的。

大学生不再是“上等人”

记者：大学生人数这么多，找不到工作，是不是有些人就应该选择不去念大学了？

茅于轼：以发达国家的经验，他们的好多普通工作也都是大学生在做。所以从长远来看，整个人口的教育水平提高了，职业选择跟过去的想法也不同了。过去，大学生都是高等人，都是白领阶层；以后，我想白领和蓝领的界线会越来越模糊，大学毕业以后也不一定要做白领工作，也可以做蓝领工作。甚至我提到的家政服务的工作，都有不少大学生在做。本来大家认为这是一个低的就业，现在大学生也在做这方面的工作，而且挺受欢迎。

记者：这意味着什么呢？社会就业结构的变化？

茅于轼：对。我认为这也是一个进步。因为普遍的教育水平提高以后，必然会出现这种情况，整个老百姓的教育水平提高了，现在高中毕业生上大学的比例很高的，过去，这个比例不到10%，现在超过60%到70%，大部分高中生都能上大学。

教育、教师质量

记者：那现在的大学的质量呢？

茅于轼：质量比过去差，膨胀得太快，质量就下降。因为首先老师就没有这么快地培养出来。学生你可以多招一些，但是老师，你要招多了，质量就下降了。老师的质量是大问题，这使得整个大学的质量下降。

中国的大学，修了好多的很漂亮的大楼，图书馆也都非常漂亮，但是老师质量不行。这是个大问题；但是这个也快不起来。老师质量的提高，要好多年。

限制视野

记者：在目前这种政治比较封闭的情况下，老师质量的提高，是不是更难？

茅于轼：你说得不错，特别是人文科学。对于人文科学来说，政治上的因素，限制了他们的视野。不过，这个情况也在改善，现在从国外留学回来的教授，越来越多了，包括文科的。比如说经济学界，很多老师都是在外国拿到博士学位，回到中国去教书。

记者：回来以后，他们能畅所欲言么？

茅于轼：现在讲数理经济学（mathematical economics），它跟政治没有太大关系，非常技术化，讲的都是数学公式的。但是你如果讲法律，讲政治，那肯定是受影响。

城乡差别依然严重，靠种地发不了财

茅于轼：中国的地区差别，现在在缩小，就是说，大城市、中城市、小城市，本来这个差别很大，现在这个差别越来越小，现在连小城市都有五星级宾馆，很豪华的。现在唯一差距特别大的，还是农村。农村的变化不大，城市的变化，不论大、中、小城市，变化都非常大。

记者：现在有这么多农民出来打工，还把钱寄回家、带回家，农村为什么还没有多大的变化？

茅于轼：最根本的原因还是农业的产出还是非常的低，从价值、从钱数来讲，靠农业，是发不了财的。要赚钱，必须要到城里，做农业以外的工作。

中国的农业，到目前，还是50%的人口，只产出10%的GDP。所以农村的人均收入一定是很低的，解决的办法就是农民一定要大量进城。

我们在改革开始的时候，人口当中有80%多的农民，现在降低到50%，有30%已经变成工人或者是其他行业的从业人员了。但是现在人口当中还有一半是农民，如何让这些农民摆脱农业，还有非常艰巨的工作要做，城里面要提供更多的就业，这还是很艰巨的工作。

美国的农业人口现在还不到总人口的5%；发达国家都是5%以下，我想在中国未来的二三十年，降低到20%、30%是有可能的。

机械化农业与小农经济

记者：但是发达国家的农业都是大规模机械化的，中国的农业不是这样一种情形。

茅于轼：不错；这是一个很大的差别。所以在这个转型过程中，要采取“集中”，将小农户变成大的农场，这个过程还需要一点时间。

记者：您觉得那是中国农村发展的方向，而不是一小块一小块地经营?

茅于轼：那肯定是效率很低的；一定是大农场的效率比较高。

从低收入中走出来

记者：虽然效率低，但是它可以解决农民的就业问题呀！

茅于轼：但是那是一种低收入的就业。你要提高收入，就必须放弃农业。农业产出占 GDP 的比例，已经从过去的 30%降低到了现在的 10%，以后还要降，制造业和服务业的百分比还要上升，农业的百分比还要下降。所以在这个过程中，农业人口肯定要减少。这是一个发达国家都走过的共同的道路，没有例外，都是这条道路。

进城

记者：这些农业人口到城市里，还都能被吸收?

茅于轼：现在还可以。现在最大的问题就是他们很难在城里住下，因为城里的住房太贵了，所以他们变成流动人口，在城里头，很多人挤在一间屋里，家里的配偶、小孩儿都不能来，就一个单身汉，到了春节的时候回家去，过个半个月、一个月，再到城里来，变成这么一个状态，现在中国很大的一个问题就是这个问题。

记者：那这个问题怎么解决?

茅于轼：让他们在城里有一个起码的安家的条件。

美国变化不大

（茅于轼回忆说，他1986年到哈佛大学做访问学者的时候，也是跟其他几个人一起合租一个公寓，几个人住在一起。）

记者：从20世纪80年代中期到现在，20多年过去了，您觉得美国有什么变化？

茅于轼：我倒不觉得美国有什么太大的变化，不像中国，变化非常大。这不到30年期间，我的很多朋友都退休了，还有死掉的也很多，人的变化不小；但是其他方面，我觉得变化不是太大。

记者：这是不是说明美国社会已经比较成熟了？

茅于轼：对了。

发展中国家排第一

茅于轼：我们跟别的发展中国家做比较，这是一个比较好的比较办法，不能跟美国比，你跟印度、巴基斯坦、孟加拉国、菲律宾、埃及，跟它们比，那中国算好的，中国在所有的发展中国家中，说老实话，中国算第一。

记者：那有些人又说什么“大国崛起”，跟美国平起平坐，甚至还要超过美国。

茅于轼：这个是胡说八道。说什么话的人都有，但是看现实，还差得远。

编者后记

对税收的事我算略知皮毛，而经济学这么大的题目却是相当无知，好在对茅老还算熟稔，就有了一点做事的信心，编了这部集子。

第一时间说明创意，茅老是有求必应的，很快就发来文稿，加上我这里存留的几篇，容量大概够了。编一部集子对我来说不是难事，难的是怎么联系出版。出版的状况众所周知，能有今日的识者还是不是感谢。

茅老所言的经济状况是过去式的，但立场从来一贯，经济环境却有变化，问题是否得到解决？有识者不难做出结论。

人言茅老温良如玉，内心却是钢铁公司，自我结识拜会以来，他对经济、政治的见识都是常识，虽无慷慨激越的情状，但“冥顽不化”的固执当属呐喊之资，因为常识依然沦陷，需要被拯救中。

转眼就换了一朝，新领导人的反腐一改过去的沉闷，仿佛有些希望，但制度的老法子真的变了吗？反腐的核心是什么？茅老说是特权，可特权不就是一直的特色吗？姿势变了，心思改了吗？

感谢俊秀兄的公司的帮助，使这本书得以出版，也感谢黎明兄弟的勤恳，能够为一位令人尊敬的长者做事真是快乐，而富有意义。

不久，茅老又来信，手写的笔体工工整整，对书的即将出版充满感激，令后生如我颇为惶恐，并没做什么的呀。只望不要辜负了一个士子的社会关照之心，毕竟他所说的为无声而无生气的社会平添了色彩与思索，对变革中的国家是有助力的吧。

赵国君

2014 年 4 月 9 日于城北三俗斋